Robert Graves

Anderes Mallorca

"Hat nicht in Deiá ein englischer Dichter gelebt?" fragte ich einen Mann in der Nähe von Port de Soller. "Robert Graves" antwortete er, ohne zu zögern. "Wir haben tiefen Respekt vor seinen Werken. Für uns ist er einer der ganz Großen, nicht nur Spaniens, sondern der Welt!"

Paul Theroux: ***An den Gestaden des Mittelmeers*** **(1995)**

Die Geschichten aus dem
anderen Mallorca von Robert Graves
entstammen den Bänden
Collected Short Stories
und
Majorca Observed

Herausgegeben und übersetzt
von
Hartmut Ihnenfeldt
und
David Southard

Verlagsgruppe
REISE KNOW-HOW

REISE
KNOW-HOW

http://www.ldweb.com/reisebuch

ROBERT GRAVES

Geschichten aus dem anderen Mallorca

Dr. Hans-R.Grundmann GmbH
Ganderkesee-Steinkimmen

IMPRESSUM

Robert Graves
GESCHICHTEN AUS DEM ANDEREN MALLORCA

Deutsche Erstveröffentlichung 1998

Originalversionen in den Sammelbänden
Collected Short Stories und *Majorca Observed*

Die englischen Titel der einzelnen Geschichten
finden sich im Inhaltsverzeichnis auf Seite 5

REISE KNOW-HOW Verlag, Hohenthann

ISBN 3-89662-161-0

Herstellung
Titelgestaltung: Peter Michael Ard, Kasseedorf
Hans-R. Grundmann
Illustrationen: Stefan Theurer, Münsingen
Satz: Uta Wilms, Hatten
Lektorat und Layout: Hans-R. Grundmann
Druck: SKN, Norden/Ostfrsld.

Vorwort

Robert (von Ranke-)Graves (1895-1985) war ein bedeutender Schriftsteller und Mensch. Er selbst verstand sich Zeit seines langen Lebens vor allem als Dichter, und so sichern ihm insbesondere seine zahlreichen Gedichtbände einen Platz in der englischen Literaturgeschichte. Seine populären Romane und Kurzgeschichten waren für Graves Mittel zum Lebensunterhalt. Durch sie finanzierte er mit wechselndem, aber stetigen Erfolg seine Existenz und die seiner großen Familie in der geliebten Wahlheimat Deía, dem Künstlerdorf über der Westküste Mallorcas.

Nachdem er 1929 mit seiner damaligen Lebensgefährtin, der amerikanischen Schriftstellerin Laura Riding, England und einigen persönlichen Problemen den Rücken gekehrt hatte, verbrachte er nahezu ein halbes Jahrhundert dort. Nur der spanische Bürgerkrieg und der zweite Weltkrieg veranlaßten ihn, vorübergehend nach England zurückzukehren. In Deutschland wurde Robert Graves, dessen Urgroßvater mütterlicherseits der berühmte deutsche Historiker Leopold von Ranke war, einem breiteren Publikum erst Ende der 70er-Jahre durch die TV-Verfilmung seiner *Claudius*-Romane bekannt, die auf originelle, gleichzeitig historisch zutreffende Weise den Niedergang des Römischen Kaiserreichs nachzeichnen.

Graves kam zu einer Zeit nach Mallorca, als die Insel noch unberührt vom Massentourismus im Dornröschenschlaf vor sich hin schlummerte. In den Jahrzehnten nach dem Krieg beobachtete er mit zunehmender Skepsis, wie sie zum europäischen Strandurlaubsziel No. 1 aufstieg und sich vielerorts nicht nur äußerlich, sondern auch soziokulturell stark veränderte. Tatsache ist andererseits, daß sich hinter der sichtbaren Oberfläche des Umbruchs kein vergleichbar rascher Wandel der mallorquinischen Mentalität vollzogen hat, schon gar nicht in den Dörfern und auch nicht unter den Angehörigen der alteingesessenen Familien, gleich ob auf dem Lande oder in Palma. Diese Welt entfaltet Graves für uns in seinen *Geschichten aus dem anderen Mallorca*. Darauf angesprochen, hat er versichert, er könne keine Geschichten erfinden, sie gingen sämtlich auf wahre, oft kuriose Begebenheiten zurück, die er entweder selbst erlebt oder von denen er aus zuverlässiger Quelle gehört, und die er dann literarisch verarbeitet habe. Wiewohl der Unterhaltungscharakter des Erzählten dominiert, ist die Treffsicherheit, mit der Graves Ereignisse, Situationen und seine Mitmenschen charakterisiert, nicht zu übersehen.

Dreizehn Jahre nach seinem Tod erscheint mit diesem Buch nun erstmalig eine Auswahl der von Graves verfaßten *Short Stories* über Mallorca und die Mallorquiner in deutscher Übersetzung. Er schrieb alle hier wiedergegebenen Kurzgeschichten ursprünglich als Auftragsarbeiten für englische und amerikanische Zeitschriften wie den *Punch* oder den *New Yorker*. Ihr Spektrum reicht von der kurzen satirischen Skizze bis zur ausgefeilten, vielschichtigen kleinen Erzählung. Allen gemeinsam ist – außer der mallorquinischen Thematik – in erster Linie der humorvolle, plaudernde Ton, der nie ins Seichte abgleitet. In vielen seiner Geschichten tritt der Autor selbst auf, entweder als Hauptfigur (*Gott gebe Euer Ehren viele Jahre*) oder als ironisch distanzierter Vermittler des mitunter skurrilen Geschehens (*Die verschwundenen Chinesen*).

Dank Graves` intimer Kenntnis der mallorquinischen Seele erfahren wir, was sich im Mikrokosmos der Insel an Merkwürdigkeiten abspielt, von denen die Touristen und selbst die meisten der heute dort lebenden Ausländer im allgemeinen nichts ahnen. Auf diese Weise erhalten wir Einblick in das eigentliche, das "andere Mallorca". Und so ganz nebenbei bringt er uns das Alltagsleben und die Kultur der Insel näher, wenn er etwa typische Spezialitäten (wie *pa amb oli* und *buñuelos* in *Die Baronin und das Mädchen mit den kurzen Haaren*), archaische magische Rituale (*Sie ist gestern an Land gekommen*), Stierkämpfe à la Mallorca (*Sechs tapfere Stiere*) und Eigentümlichkeiten des Schul- und Familienlebens (*Schulleben auf Mallorca 1955* und *Die fünf Paten*) beschreibt oder die Künstlerkolonie Deiá karikiert (*Die verschwundenen Chinesen*).

Einige seiner Erzählungen (*Sechs tapfere Stiere, Die fünf Paten* und *Schulleben auf Mallorca 1955*) präsentiert uns Graves aus der scheinbar arglosen Sichtweise der elfjährigen Margaret, die mit entwaffnender Naivität alle Absurditäten des Inselalltags für den Leser schonungslos entlarvt, sei es das befremdliche Ritual des Stierkampfes (*Sechs Tapfere Stiere*), Dummstolz und Vorurteile (*Die fünf Paten*) oder die unorthodoxen Unterrichtsmethoden in der Dorfschule von Deiá, das der Autor hinter dem Namen *Binijiny* nur oberflächlich tarnt (*Schulleben auf Mallorca 1955*).

Der autobiographische Hintergrund wird immer dann besonders deutlich, wenn Graves nahezu ungefiltert auf Ereignisse und Anekdoten aus dem eigenen Familienkreis zurückgreift (*Ein Fahrrad auf Mallorca*) oder – nicht ohne Stolz – Glanzpunkte seines Privatlebens einbringt (*Einen Toast auf Ava Gardner*).

Der populäre amerikanische Reiseschriftsteller und Romanautor Paul Theroux (*Mosquito Küste*) wandelte Anfang der 90er-Jahre in Deiá auf den Spuren von Robert Graves. Was ihn dabei am meisten beeindruckte, war die Tatsache, daß jeder, den er im Dorf sprach, *Don Roberto* kannte und sich voller Respekt an ihn erinnerte; aber niemand hatte auch nur eines seiner Werke gelesen. Das ist wahrhaft bedauerlich, denn beispielsweise die hier zusammengestellten *Geschichten aus dem anderen Mallorca* gehören zum Besten, was je über die Insel geschrieben wurde.

Hartmut Ihnenfeldt

Inhaltsübersicht

Inhaltsübersicht	Seite
Vorwort	1
Sechs tapfere Stiere (*Six valiant bulls*)	7
Die fünf Paten (*The Five Godfathers*)	15
Schulleben auf Mallorca 1955 (*School Life in Majorca 1955*)	22
Die Baronin und das Mädchen mit den kurzen Haaren (*The Viscountess and the Short-Haired Girl*)	27
Die verschwundenen Chinesen (*The Lost Chinese*)	59
Sie ist gestern an Land gekommen (*She Landed Yesterday*)	89
Gott gebe Euer Ehren viele Jahre (*God Grant your Honour many Years*)	110
Ein Fahrrad auf Mallorca (*A Bicycle in Majorca*)	117
Trin-trin-trin (*Trin-trin-trin*)	134
Nachweis von Wohlstand (*Evidence of Affluence*)	140
Einen Toast auf Ava Gardner (*A Toast to Ava Gardner*)	157

Sechs tapfere Stiere

Liebste Tante May,

Du wirst niemals erraten, was mir gestern, an Himmelfahrt, meinem Geburtstag, geschehen ist.

Ich traf unseren neuen Postboten an der Eingangstür und nahm Deine “Jetzt-bist-Du-11-Geburtstagskarte” in Empfang – vielen Dank dafür! Er ist ein junger Mann mit sehr langen Haaren, und er wollte wissen, was die Karte bedeutete. Ich hab`s ihm gesagt. Dann fragte er, ob ich die ausländische Familie “Esk” kenne. “Nein, aber zeige mir doch bitte mal die Briefe.” Und alle zehn waren sie für Papa – “William Smith, Esq.” *) – der Postbote hatte sie schon eine Woche gehabt!

Da waren wir beide froh! Dann erwähnte ich, daß Señor Colom mich mit zum Stierkampf nehmen würde als Geburtstagsgeschenk, und sein Gesicht leuchtete auf wie eine chinesische Laterne. Und ich fragte ihn: “Sind es tapfere Stiere?” Und er antwortete: “Mädchen, es ist ein Skandal!” Ich fragte: “Wieso ein Skandal?” Und er erklärte mir, daß Poblet, der Chefmatador, seinem Freund Don Ramone, der eine Stierfarm in der Nähe von Jerez besitze, geschrieben habe, daß er ihm untergewichtige Stiere schicken solle, weil er sich nach seiner Grippe nicht besonders wohl fühle und die beiden anderen Matadore, Calvo und Broncito, auch nicht. Und er würde Don Ramon gut bezahlen und alles weitere in aller Stille mit dem Stierkampfmanagement regeln. So war alles abgesprochen. Jedenfalls bis zu dem Zeitpunkt, als der neue Gouverneur von Mallorca, der Arenapräsident und dazu noch sehr korrekt ist, kam, um sich die Stiere anzuschauen, als sie an Land gebracht wurden. Er warf einen Blick auf sie und sagte:

*) Esq. = Abkürzung für *Esquire*, eine seit dem 19. Jahrhundert anstelle des profanen “Mr.” allgemein in der englischen Briefanschrift verwendete, dem Namen nachgestellte Anrede.

“Wiegt sie!” So wurden sie auf die Waage gestellt, und sie wogen eine halbe Tonne weniger als das zulässige Gewicht. Da sagte er: “Schickt sie sofort zurück und bestellt neue!” Die zweite Ladung sei gerade mit dem Dampfer eingetroffen. Der Postbote erzählte mir, sie sähen aus wie besonders gefährliche Viecher.

Mein Freund Señor Colom ist eigentlich Musikkritiker, aber dieser Job bringt nichts ein, nur ein paar Peseten in der Woche. Er verdient seinen Lebensunterhalt damit, Stierkampfkritiker zu sein. Ein richtig professioneller *Matador* verdient um die zwei- bis dreitausend Pfund pro Kampf, deshalb kann sein Agent es sich leisten, die Kritiker gut zu bezahlen, damit sie sagen, wieviel Talent und Tapferkeit der *Matador* besitzt, auch wenn das gar nicht wahr ist. Über Konzerte schreibt Señor Colom genau das, was er denkt, aber mit Stierkämpfen ist es anders: er läßt den Agenten die Kritik selbst schreiben, dann liest er sie auf etwaige Grammatikfehler hin durch, fügt noch einige Punkte hinzu und unterschreibt das ganze. So ist es üblich.

Señor und Señora Colom und ich gingen jedenfalls zusammen hin, und die US-Flotte lag im Hafen, und zwei amerikanische Matrosen saßen neben uns. Es schien, daß der Gouverneur die Hörner der Stiere selbst gemessen und den Hirten gesagt hatte: “Wenn diese Viecher tot sind, werde ich ihre Hörner erneut messen. Falls sie verkürzt und dann wieder angespitzt wurden, wird jemand sich im Gefängnis wiederfinden.“ Dann hatte er die Lanzen kontrolliert, um zu sehen, ob sie nicht etwa längere Spitzen als erlaubt hatten, und er ließ einen Tierarzt kommen, um sicherzustellen, daß niemand den Stieren ein Abführmittel gab, um sie zu schwächen. So würde das Zuschauen Spaß machen.

Der Gouverneur saß in der Präsidentenloge, und nach dem Vorbeimarsch wedelte er mit dem Taschentuch, die Trompeten erklangen, und der erste Stier wurde losgelassen.

Er war eine große Kathedrale von einem Stier und stürmte heraus wie der Todesengel. Aber als die Männer mit den Tüchern kamen, um ihn zu reizen, da gab es plötzlich ein Murren und lauten Protest, und alle schrien *Bizgo*! *Bizgo*!, was bedeutet, daß der Stier schielt und auf die Tücher nicht reagiert. Da ließ der Gouverneur den Stier entfernen, und Poblet, der mit ihm hätte kämpfen sollen, grinste schmierig, denn es gab keine Ersatz-Stiere. Einer war ertrunken, als er von der Laufplanke des Dampfers gerutscht war, und ein anderer war von einem seiner Kameraden auf die Hörner genommen worden. Der Gouverneur schaute zornig drein.

Der nächste Stier war wild, und die Männer mit den Tüchern rannten um ihr Leben hinter die Schutzmauer. Einer von ihnen schaffte es nicht mehr, sondern hechtete auf die Holzwand, kletterte an ihr hoch und entkam durch den dahinter liegenden Gang. Der Stier sprang ihm nach über die Mauer und zerbrach dabei die Kamera und die Brille eines Nachrichtenfotografen und erschreckte ihn zu Tode.

Die Menge lachte sich kaputt. Dann erklangen erneut die Trompeten und herein kam die "Kavallerie", wie Señor Colom die Lanzenreiter immer nennt. Der Stier rammte gleich das erste Pferd, bevor der *peon**), der es führte, in Position gehen konnte, und ließ die Luft aus seinem Körper. Der *picador**) lag darunter und stieß mit seinem freien Stiefel dem Stier auf die Schnauze. Einer der beiden amerikanischen Matrosen fiel in Ohnmacht, und sein Freund mußte ihn hinaustragen. Vier weitere amerikanische Matrosen fielen auf anderen Rängen der Arena in Ohnmacht. Das ist eine sehr empfindliche Gattung Mensch.

Dieser Stier gehörte Broncito. Broncito ist Zigeuner und mit Calvos Schwester verlobt. Er ist sehr abergläubisch, und an jenem Morgen war er drei Nonnen begegnet, die in einer Reihe gingen, und anschließend hatte er Calvo mitgeteilt, daß er nicht kämpfen würde.

Calvo sagte: "Dann wirst du nie mein Schwager werden. Willst du mich in aller Öffentlichkeit blamieren? Soll ich etwa deine Stiere für dich töten und meine noch dazu? Ich mag sie genauso wenig wie du!" Da versprach Broncito zu kämpfen! Nun, der *picador* wurde nicht verletzt, das werden sie nie. Die Männer mit den Tüchern zogen den Stier fort, und die *peones* richteten das Pferd wieder auf, und es schien ganz in Ordnung zu sein. Und die *picadores* leisteten gute Arbeit, ebenso die *banderilleros***). Aber Broncito zitterte. Er machte einige Ausfälle, wobei er soweit wie möglich vom Stier entfernt stand, und dann richtete er ein Gebet an die "Jungfrau der Sicherheit", diejenige, welche

---

*) *Peon*, wörtlich "Knecht", hier: Helfer des Matadors; als *picador* werden die Reiter bezeichnet, die den Stier vor dem Auftritt des Matadors und nach dem Setzen der *banderillas* (Fußnote**) mit Lanzenstichen in den Nacken weiter für Blutverlust des Stieres sorgen und ihn damit für den Kampf vorbereiten bzw. schwächen.

**) Helfer des Matadors, die dem Stier vor seinem und dem Auftritt der *picadores* kleine mit farbigen Fähnchen versehene Spieße, die *banderillas*, in den Nacken setzen.

die Matadore dadurch vor dem Tode bewahrt, daß sie den Stier mit einem Rucken ihres blauen Tuches ablenkt. Der Stier stand zufällig in der richtigen Position, mit den Beinen auseinander. Da machte Broncito einen Satz nach vorn und tötete ihn mit einem Stoß. Die Zuschauer waren verärgert, denn er hatte mit dem Stier so gut wie gar nicht gespielt. Und für das Spielen zahlen sie hauptsächlich.

Der dritte Stier war der von Calvo, und Calvo war äußerst tapfer, weil er sich so sehr für Broncito schämte. Er machte Dutzende von wundervollen Ausfällen, hoch und tief, dazu Passagen und einige Schmetterlingsausfälle, die alle außer Señor Colom toll fanden. Er hat noch den großen *Marcial Lalanda* gekannt, der sie als erster perfektioniert hatte, und er behauptete, die von Calvo seien sowohl ruckartig als auch unspektakulär. Das allerdings konnte er natürlich nicht in seiner Zeitung schreiben. Calvo tötete den Stier nach zwei Versuchen und wurde mit beiden Ohren belohnt. Der Haupt-*Peon* schnitt auch noch den Schwanz ab und überreichte ihn Calvo, aber der Gouverneur hatte nur die Ohren genehmigt, deswegen erhielt der *Peon* eine Strafe von 500 Peseten wegen Anmaßung.

Nach der Pause mit Erdnüssen und Mineralwasser war Poblet wieder dran. Sein Stier kam gemächlich hereinspaziert, schaute sich in aller Ruhe um und legte sich mitten in der Arena nieder.

Nach etlichen Aufmunterungsversuchen, von denen er keine Notiz nahm, sandte man schließlich nach ein paar schwarz-weißen Ochsen mit Glocken, die in der Arena herumtollten und ihn wieder herauslockten. Kennst du die Geschichte von Ferdinand, dem Stier?

Sie endet schrecklich. Stiere wie Ferdinand kommen nicht zurück auf ihre Farm und fressen dort Gänseblümchen. Ich fürchte, sie werden außerhalb der Arena von der *Guardia Civil* erschossen wie Deserteure in der Schlacht.

Das Publikum wurde langsam ungeduldig. Es buhte und pfiff wie sonstwas. Aber der fünfte Stier (wieder Broncitos) war eine Superkathedrale: seifenfarbig und mit Hörnern wie die Stoßzähne eines Elefanten. Broncito war krank vor Angst, und als beide Pferde umgestoßen worden waren, bevor die *picadores* ihre Lanzen benutzen konnten und nur einer von den *banderilleros* groß genug war, um seine beiden Pfeile gut zu plazieren, wurde er weiß wie eine Wand. Er tat so, als ob er mit dem Stier spielte, aber der jagte ihn durch die ganze Arena, und die Zuschauer gröhlten vor Lachen und machten hämische Witze. Da drohte Broncito ihnen mit der Faust, rief nach der roten *Muleta* und der *Estapa,* dem Degen, um dann, na was? – den Stier umzubringen, und zwar mit einem Seitenstoß in seine Lungen, anstatt, wie es sich gehört, zwischen die Schulterblätter. Totenstille – die Spanier trauten ihren Augen nicht – es war so, als ob man einen Fuchs erschossen hätte*). Aber begeisterter Beifall kam von den Amerikanern, die glaubten, daß Broncito besonders clever gewesen sei. Dann wurde der Beifall natürlich sofort durch entrüstete Buhrufe erstickt, und der Gouverneur spang auf und fluchte fürchterlich. Als nächstes wurde Broncito von zwei *Guardias* festgenommen und ins Gefängnis abgeführt.

Der letzte Stier war ohne Zweifel der beste von den sechs, und Calvo war mehr denn je darauf aus anzugeben. Er wollte beide Ohren u n d den Schwanz u n d den Fuß (der fast nie vergeben wird), und als er mit dem Stier zu spielen begann, widmete er ihn dem Publikum und machte tolle, wundervolle, fantastische Dinge. Es gibt eine Art Vorsprung um die Holzwand herum, der den Männern mit den Tüchern dient, um dort in Sicherheit zu klettern. Er setzte sich darauf, um sich selbst keinen Spielraum zum Aus-

---

*) Bei der berühmt-berüchtigten Fuchsjagd in England wird der Fuchs zu Tode gehetzt. Ihn zu erschießen, wäre eine unerhörte Fehlleistung.

weichen vor einem Angriff zu lassen und machte seine Ausfälle von dort. Danach kniete er nieder und ließ den Stier mit seinen Hörnern die Goldborte auf seiner Brust streifen. Dann machte er einige großartige Passagen und ging dann schließlich einfach fort, wobei er dem Stier den Rücken zudrehte und ihn dabei äußerst dumm aussehen ließ. Calvo hatte seine Männer mit den Tüchern alle weit weggewunken, und die Menge tobte vor Freude. Aber irgend so ein Idiot warf seinen Hut in die Arena, was die Aufmerksamkeit des Stieres von der *Muleta* abzog, und ein Horn durchbohrte Calvos Oberschenkel, er wurde in die Luft geschleudert und fiel zu Boden. Dann versuchte der Stier, ihn zu töten. Ich weiß nicht, wie viele weitere Matrosen in Ohnmacht fielen, ich war zu sehr beschäftigt, um nachzuzählen. Plötzlich schwang sich ein *espontaneo**) in grauer Uniform und langen Haaren einfach in die Arena, ergriff Calvos Degen und sein rotes Tuch und zog den Stier damit ab. Es war unser neuer, schlampiger Postbote! Und während die *peones* Calvo zum Verbinden trugen, spielte er sehr tapfer mit dem Stier und erhielt frenetischen Beifall, mehr noch als Calvo vorher, und sogar der Gouverneur applaudierte, obwohl der Postbote doch eigentlich ein Verbrechen beging.

Jeder erwartete jetzt, daß Poblet hereinkommen und den Stier erledigen würde, aber Poblet war ebenfalls verhaftet worden, weil er den Leutnant der *Guardia Civil* beleidigt hatte, weil d e r Broncito beleidigt hatte. Und so war kein weiterer richtiger Matador übrig. Aber Calvo bat darum, daß der Postbote den Stier erledigen dürfe, dafür, daß er ihm das Leben gerettet hatte.

Der Gouverneur willigte ein, und als ich wie wild winkte, erkannte der Postbote mich an meinem gelben Kleid und

---

*) *Espontáneo*, Zuschauer, der sich beim Stierkampf (unerlaubterweise) "spontan" aktiv in das Geschehen einmischt.

widmete mir den Stier, mir, Tante May! Weil es mein Geburtstag war und wegen des Esq. Und obwohl der arme Junge bäuerisch und wenig kunstvoll war, wie Señor Colom sagte (und schrieb), gelang es ihm doch, seinen Feind im zweiten Versuch zu töten. Danach wurde er natürlich auch verhaftet. Alle *espontáneos* werden verhaftet. Aber der Gouverneur ließ ihn mit einer Verwarnung und noch einer großen Kiste echter Havanna-Zigarren laufen.

Deine Dich liebende Nichte

Margaret

Die fünf Paten

Liebe Tante May,

alles über die Taufe: Der Vater des Babys, Don Onofre Tur y Tur war Anwalt. Aber das bedeutet hier auf Mallorca nicht viel. Nur wenige Anwälte haben Büros und Angestellte und so etwas. Der Rest hat Jura studiert, weil ihre Väter auf diese Weise Gentlemen aus ihnen machen wollten, obwohl es nicht genügend Rechtsfälle für alle gibt. Und wenn sie erst einmal Gentlemen sind, dann schämen sie sich, Melonen auf dem Markt zu verkaufen oder Olivenhänge mit dem Maultier zu pflügen. Deshalb vergeuden die meisten von ihnen ihre Zeit in Cafés, oder sie stellen ausländischen Touristinnen nach, die einsam aussehen.

Onofres Vater, Don Isidoro, hat eine Menge Geld damit verdient, daß er vor dem Jungengymnasium im Sommer Eis und im Winter *Doughnuts* verkaufte. Anschließend erwarb er einen Tanzschuppen, der "Blauer Papagei" hieß, und einen Souvenirladen namens *Pensées de Majorque* und wurde auf diese Weise irrsinnig reich, so wie Charles Augustus Fortescue in den *Cautionary Tales**).

Aber Onofre verliebte sich in Marujita, eins von den Taximädchen im "Blauen Papagei", und heiratete sie heimlich. Die Aufgabe der Taximädchen ist es, mit den Kunden zu tanzen und sie dazu zu bringen, daß sie literweise teure Drinks bestellen, und dann die ganze Nacht über mit ihnen in einer Ecke zu schmusen. Don Isidoro war außer sich, als er es herausfand. Er verbannte Onofre nach Binijiny mit einem Unterhalt von hundert Peseten am Tag und verbot ihm, sich jemals wieder in Palma blicken zu lassen.

---

*) Die *Cautionary Tales* (1907), moralisch belehrende Geschichten des englischen Schriftsteller *Joseph Pierre Hilaire Belloc* (1870-1953), waren in Großbritannien zeitweise sehr populär und jedermann bekannt.

Natürlich kannte jeder in Binijiny diese Geschichte, und die Frau des Bürgermeisters und die des Sekretärs waren schrecklich gehässigt zu Marujita.

Doch Onofre sagte ihr, sie solle solch niedere Menschen gar nicht beachten. Er selbst schaffte es, recht zufrieden zu sein: Er hatte ein Motorrad und ein Gerät, um Fische unter Wasser aufzuspießen, und ein Gewehr, um Kaninchen zu schießen, und eine Wachtel, um Wachteln zu ködern, und ein Netz, um Drosseln zu fangen. Außerdem spielte er jeden Tag Poker mit zwei amerikanischen Abstraktmalern und einem neuseeländischen Gegenstandsmaler. Marujita mag sich etwas einsam gefühlt haben, aber sie genoß es, ein eigenes Zuhause zu haben, nachdem sie Taximädchen gewesen war, und 100 Peseten am Tag kamen ihr wie Reichtümer vor. Eines Tages ging das Gerücht herum, daß Marujita "in anderen Umständen sei und in Kürze niederkommen werde". Sie bekam also ein Kind, und bald bat Onofre Mutter, die Angelegenheit mit der Hebamme, Doña Isabel, zu regeln, einer netten Frau aus Madrid, die Binijiny für sehr ländlich hält. Das tat Mutter dann auch. Gegen Ende konnte Marujita den Haushalt nicht mehr versorgen, aber die Nachbarn gaben vor, viel zu beschäftigt zu sein, um nach dem Rechten sehen zu können, und wir wohnen auf der anderen Seite des Tales. Da nun ein spanischer Mann nicht im Haushalt hilft, besonders dann nicht, wenn er ein Gentleman wie Onofre ist, telegraphierte Marujita ihrer jüngeren Schwester Sita. Don Isidoro hatte Sita aus dem "Blauen Papagei", wo auch sie tanzte, entlassen aus Angst, die männlichen Kunden könnten herausfinden, daß sie seine Verwandte sei. Er gab ihr einen Tag Kündigungsfrist und das Geld für ein Fährticket dritter Klasse nach Valencia. War das nicht gemein? Nun, Sita erschien in Binijiny einen Monat, bevor das Baby erwartet wurde, und obwohl sie zunächst vor Mutter und uns allen Angst zu haben schien, als ob wir mit Gewißheit unfreundlich zu ihr sein würden, mochten wir sie doch sehr. Die beiden Schwestern beweinten sich ständig, küßten einander und beteten Rosenkränze. Und Sita strickte den ganzen Tag Unterhemden und Socken. Das Baby jedenfalls kam gesund zur Welt, und weil es ein Junge war, mußte Onofre es einfach nach dem Großvater nennen.

So ist es hier Sitte, genau wie der zweite Sohn nach dem anderen Großvater genannt werden muß. Sita war großartig. Sie half der Hebamme bei Marujita und schrie nicht oder lief im Kreis herum, wie die Frauen aus Binijiny es tun, sondern gab dem Baby Geborgenheit, wusch es, wickelte es und sang ihm wohlklingende Flamencolieder vor. Sie kochte auch das Essen und verrichtete all die anderen Hausarbeiten. Onofre hatte ihr am ersten Tag gesagt: "Schwägerin, du bist ein sehr gutes Mädchen. Du sollst Patin für das Baby sei." Als der neuseeländische Maler gebeten wurde, Pate zu sein, antwortete er: "Du weißt, daß ich Protestant bin."

Aber Onofre sagte: "Macht nichts. Das ist egal. Pfarrer ist Pfarrer." Natürlich hatte Onofre den Großeltern die Geburt angezeigt, zunächst in einem respektvollen Telegramm, dann aber in einem blumigen Brief, verbunden mit einer Einladung zur Taufe. Er hätte nie erwartet, eine Antwort zu bekommen. Er tat es nur, um seine Unterhaltszahlungen nicht zu gefährden. Nun, am Tage der Taufe zog Sita ihr Sonntagskleid an, entfernte ihr Make-up und bereitete die Drinks, Kekse und Kuchen und die *tapas**) für die Tauffeier im Wohnzimmer vor. Dann wickelte sie das Baby wie eine Mumie in vier oder fünf Tücher, und Doña Isabel, die Hebamme, begleitete sie, weil sie noch nie zuvor Patin gewesen war. Marujita fühlte sich nicht wohl genug, um mitzugehen und blieb deshalb im Bett. Onofre hatte einen ganzen Stapel Einladungen für die Taufe verschickt, aber

---

*) *Tapas* sind typisch spanische Appetithäppchen

keiner kam außer Mutter und Vater und ich und Richard und die beiden amerikanischen Abstraktmaler und der neuseeländische Gegenstandsmaler.

Der Pfarrer wartete an der Kirchentür, aber die Meßdiener waren noch nicht da. Wir warteten fast eine Stunde und redeten und machten Witze, während das Baby schlief. Schließlich sagte der Pfarrer, er hätte auch noch anderes zu tun, und er müsse jetzt ohne die Meßdiener anfangen, und vielleicht würde Onofre so gütig sein zu assistieren. Das tat er denn auch, um Zeit zu sparen. Sita hielt bereits die brennende Kerze in der Hand, die jede Patin trägt, als ein großes, schickes Auto auf dem Platz vorfuhr und Don Isidoro und Doña Tecla eintraten. Onofre wurde blaß, und der gemeine alte Mann sagte sofort: "Ich bin hier Pate und niemand anderer, ist das klar, Onofre! Außerdem wird diese unbescheidene Frau nicht Patin an meiner Seite sein. Wenn sie nicht geht, werde ich deine Unterhaltszahlungen einstellen, und das Kind wird verhungern." Onofre wurde noch blasser, aber Sita blieb ruhig. Sie sagte zum Pfarrer: "Vater, ich verzichte auf meine Rechte. Niemand wird jemals behaupten können, daß ich das Glück dieses kostbaren Kindes gefährdet hätte." Dann übergab sie Doña Isabel die Kerze und ging nach Hause, um Marujita zu berichten. Der neuseeländische Maler verzichtete natürlich auch, und so konnte der Pfarrer anfangen.

Aber sobald er sich abwandte und sich zum Altar hin verbeugte, schnappte sich Doña Tecla das Baby von Doña Isabel und sagte: "Ich bin hier Patin, Frau, und niemand andere, ist das klar!"

Aber Doña Isabel hielt die Kerze fest und flüsterte den Großeltern laut zu, daß Sita mehr wert sei als vierzig Körbe voll *canaille* wie sie. Doña Tecla kreischte zu ihr zurück und gackerte dabei wie eine alte Henne, so daß der Pfarrer die Textstellen vertauschte und anfing, Gebete für Missionare im Ausland zu verlesen. Er hatte es gerade bemerkt und "verdammt, was für ein Blödsinn" gesagt, als die Meßdiener in ihren Chorhemden `reingerannt kamen und vor Lachen fast platzen wollten. Der Hotelmanager hatte sie geschickt, um Doña Isabel sofort zu holen, weil zwei belgische Damen darauf bestanden hatten, bei den Fischerhütten nackt sonnenzubaden.

Und wenn die *Guardias* sie erwischten, dann würde er 250 Pesetas Strafe für jede Dame zahlen müssen, weil sie Gäste seines Hotels waren und das Gesetz es so vorsah. Doña Isabel fragte: "Warum gerade ich?" Und sie antworteten: "Weil Sie es gewohnt sind, mit unbekleideten Frauen zu tun zu haben." Da sagte Doña Isabel: "Geduld! In einer Minute!" Der Pfarrer nahm das Baby und steckte ihm das übliche Salz in den Mund, um den Teufel auszutreiben, aber aus irgendeinem Grund wollte es nicht weinen. Vielleicht mochte es Salz. Da sagte Don Isidoro: "Gib ihm mehr, Mann, der Teufel steckt immer noch drinnen!" Doña Tecla griff nach vorne unter die Tücher und kniff das arme kleine Baby absichtlich, um es zum Schreien zu bringen.

Onofre bemerkte das und sprach mit lauter Stimme: "Mutter, du kannst vielleicht meine Schwägerin und die staatlich geprüfte Hebamme dieses Dorfes beleidigen, das sind Frauenangelegenheiten, in die ich mich nicht einmischen will. Aber du wirst nicht meinem Sohn in den Hintern kneifen!" Der Pfarrer machte schnell das Zeichen des Kreuzes über der Stirn des Kindes und nannte es irrtümlich Onofre, statt Isidoro. Dann nahm Onofre es ihm schnell weg und gab es Mutter, die mit ihm aus der Kirche lief, bevor Schlimmeres passieren konnte. Doña Isabel ging mit ihr, immer noch die Kerze haltend.

Selbstverständlich enterbte Don Isidoro Onofre, und Doña Tecla verpaßte ihm noch eine Ohrfeige, bevor sie aus der Kirche rausstapften und in ihrem großen, schicken Auto davonfuhren. Der Rest von uns zuckelte den Weg entlang zur Tauffeier. Onofre gab sich alle Mühe, gutgelaunt zu sein und sagte: "Kommt mit, Freunde, und helft mir, den Brandy auszutrinken, denn morgen werden wir alle Bettler sein." Sita war da, als wir ankamen, und schaukelte das Baby, wobei sie sehr hübsch und blaß ohne ihr Make-up aussah. Alle fingen sofort an zu trinken und zu tanzen. Unsere Familie ging frühzeitig, weil Richard zuviel Kuchen gegessen und ein halbes Glas *anís* getrunken hatte. Anschließend lud sich ein anderer Gast selbst ein, ein Offizier aus der spanischen Blauen Division*), den die Russen nach vierzehn Jahren gerade aus dem Gefängnis entlassen hatten. Er besaß keine Freunde mehr und wollte seine Rückkehr feiern. Doña Isabel kam auch noch. Sie hatte den belgischen Frauen Angst eingejagt, so daß sie schließlich ihre Kleidung anzogen und war dann zurück zur Kirche gegangen, wo sie herausfand, daß Doña Tecla sich nicht als Patin des Babys ins Kirchenbuch eingetragen hatte. Deshalb trug

---

*) *La División Azul* war ein spanischer Freiwilligenverband, der 1941-43 auf deutscher Seite gegen die Sowjetunion kämpfte.

sie sich nun selbst ein, denn sie hatte schließlich die Kerze gehalten. Und der Name würde Onofre und nicht Isidoro sein, und das sei Gottes Wille. Kurz vor Mitternacht schlug sich Onofre mit der Faust an den Kopf und schrie: "Beinahe hätte ich's vergessen! Mein Ekel von Vater hat sich auch nicht ins Kirchenbuch eingetragen. Schnell, Männer, zum Pfarrhaus, bevor die Uhr zwölf schlägt und der Tag vorübergeht!" Und so strömten der Blaue-Divisions-Gefangene, die zwei Abstraktmaler und der Gegenstandsmaler hin zum Pfarrhaus, alle ziemlich betrunken, und bestanden darauf, sich zusammen ins Kirchenbuch einzutragen als Onofres gemeinsame Paten. Der Pfarrer ließ sie gewähren, um einen Skandal zu vermeiden.

Und nun rate mal! Im April fahren sie alle zusammen zur *fiesta* nach Sevilla auf Einladung von Sitas neuem *novio,* der ein chilenischer Millionär ist und Don Jacinto heißt. Ich habe ihn kennengelernt. Außerdem leiht Don Jacinto Onofre und Marujita fünf Millionen Peseten, damit sie einen viel luxuriöseren Tanzpalast als den "Blauen Papagei" eröffnen können. Er sagte: "Das wird Don Isidoro lehren, arme, hübsche Tanzmädchen nicht mehr zu beleidigen, die in Wirklichkeit Heilige sind!" Der Tanzpalast wird *Los Cinco Padrinos* genannt werden, was "Die Fünf Paten" heißt, denn Don Jacinto hat seinen Namen aus Solidarität hinzugefügt.

Wie dem auch sei, irgendwie traue ich ihm nicht, und Marujita kann es auch nicht.

Aber wir hoffen natürlich das beste!

Alles Gute,

Margaret

Schulleben auf Mallorca 1955

Liebe Mrs. Hampstead-Hendon,

Mutter bittet mich, Ihnen etwas über Schulen zu schreiben, die Ihre Kinder besuchen könnten, wenn Sie hier her nach Mallorca kommen, weil sie im gleichen Alter wie Richard und ich sind.

Zuerst wohnten wir in einem Dorf, das Binijiny heißt, wo wir nichts taten, außer Tomaten anzubauen. Richard und ich wurden zu den Franziskaner-Nonnen geschickt, und ich kümmerte mich um ihn, bis er alt genug war, sich die Knöpfe selbst zuzumachen.

Dann ging er zur staatlichen Schule, denn der Bischof läßt es nicht zu, daß größere Jungs und Mädchen zusammen Unterricht haben, obwohl es in Binijiny nur zehn Jungs in der Jungenschule und vier Mädchen in der Mädchenschule gab. Die anderen acht Mädchen mit kleineren Brüdern waren bei den Nonnen. Richards Schuldirektor erhielt 800 Pesetas im Monat, nicht einmal zwei Pfund, wovon er aber nicht leben konnte. Deshalb verbrachte er seine Schulstunden damit, zu Hause Shakespeare ins Spanische zu übersetzen. Aber er konnte kein Englisch, deshalb benutzte er eine französische Übersetzung. Er hatte Französisch gelernt, als er Hilfskellner in einem französischen Billigrestaurant in Marseilles war, das seinem Onkel gehörte. Es gefiel ihm aber dort nicht, denn sein Onkel kaufte immer die Überreste von den Marktständen auf: stinkenden Fisch und verrottetes Gemüse und sagte: "Wir müssen unseren Gästen ein Beispiel geben, indem wir nicht besser essen als sie." So wird man dann Lehrer.

Man kann das Auto des Schulrats aus zwei Kilometer Entfernung sehen, wenn es den Berg von Binijiny heraufgekrochen kommt, und auf halber Strecke hält es immer an, damit der Kühler nicht überkocht. Also, Jaime Frau, der am besten lernen kann, unterrichtete normalerweise die kleinen Jungs, und Juan Grau, der am schlechtesten lernen kann, hielt Wache auf dem Kalvarienberg außerhalb des Dorfes. Der Lehrer sagte: "Das ist eine gute Vorbereitung für euer späteres Berufsleben, wenn ihr keine Tomaten anbauen wollt. Jaime kann wie ich Lehrer, und Juan kann ein *guardia* wie sein Vater werden." Juan hat das Auto des Schulrats nie übersehen, und als es schließlich ankam, war der Lehrer längst von seinem Haus zur Schule geeilt und hielt dort eifrig einen Vortrag über die glorreichen Tage Philips II. An dieser Stelle brechen die Geschichtsbücher übrigens ab und setzen erst wieder ein mit Franco und der glorreichen Befreiung von *la patria*. Der Schulrat, ein *Madrileño*, genehmigte sich danach eine leckere *paella* in der *Fonda* und eine Menge Wein und anschließend einige *licores* und eine Zigarre, und dann behauptete er, daß Binijiny die beste Schule in seinem Bezirk hat. Einmal ließ er zehn *ensaimadas* bringen, ein sehr leichtes Zuckergebäck in der Form eines Kreisels, und sagte: "Nun, meine kleinen Freunde, laßt mal sehen, wer von euch am schnellsten essen kann. Das ist für euch von dieser Banditeninsel doch sicherlich eine nützliche Übung." Als Juan Grau mit Abstand gewann, rief der Schulrat *"Olé!"*

Dann schnappte er sich Richards *ensaimada* und fragte: "Was ist los mit dir, kleiner Engländerjunge, bist du krank? Du hast nur einmal abgebissen." Richard antwortete: "Nein, Sir! Aber wir Engländer können nicht so schnell wie ihr Spanier essen." Da lachte der Schulrat und verschlang die *ensaimada* mit einem Biß. Dann befahl er Richard mit ausgestreckten Armen niederzuknien wie die Büßer am Gründonnerstag und sagte: "Bleib` so sitzen, bis du mir Gibraltar zurückgegeben hast."

Mutter ließ mich bei den Franziskaner-Nonnen, weil ihr an der staatlichen Mädchenschule zuviel von Religion und

Politik die Rede war. Eines Tages erwischte mich die *Senorita* von der Mädchenschule dabei, wie ich auf den Stufen, die hoch zum Kloster führen, meine Pausenbrot aß. Da schrie sie, daß alle Protestanten zur Hölle fahren und dort auf ewig schmoren werden. Aber dann kam Señora Juana heraus und sagte der Señorita, daß ich die beste in Religionsgeschichte sei.

Auf der Rückseite unserer Mathebücher war der spanische Adler mit den Falangistenpfeilen*) in seinen Klauen abgebildet, und Señora Juana erklärte den Kleinen: "Das ist der *Demonio,* der die bösen Kinder holt!" In spanischen Schulen lernt man alles auswendig und im Chor sprechen, und keiner erklärt irgend etwas, und niemand stört sich daran. Mutter zahlte den Nonnen fünfzig Pesetas pro Halbjahr für Richard und mich, und damit waren sie zufrieden. Auf dem Schulhof sprachen wir *Mallorquín.* Das ist eine einfache Sprache, so eine Mischung aus Italienisch und Französisch, aber man muß es schreien, sonst denken die anderen, du bist krank, und man will dir dann ein Abführmittel verpassen.

Vor zwei Jahren sind wir nach Palma gezogen. Das ist eine große Stadt, und wir wurden auf staatliche Schulen in der Nähe unserer Wohnung geschickt. Da wurden nie die Fenster geöffnet, und wir waren 60 Schülerinnen in der Klasse, überwiegend aus armen Familien. Es gab keinen Ofen im Klassenzimmer, aber es wurde trotzdem immer schnell warm, auch wenn Schnee auf den Bergen lag.

Und wir saßen mit drei Mädchen an einem Pult für zwei. Unsere *Senorita* war sehr lieb, aber ich kriegte Flöhe und Mandelentzündung. Eines Tages, als eine Dampfwalze vorbeifuhr, fiel ein Fensterglas heraus und zerbrach. Es wurde nie ersetzt, aber das war auch gut so. Richards Kameraden

---

*) Symbol der *Falange,* der ehemaligen faschistischen spanischen Staatspartei, die sich nach dem Tod Francos 1976 auflöste.

in der Schule nebenan hatten Glück, denn da gab es einen Schulhof, wo sie Stierkämpfe nachspielen und sich prügeln konnten. Wir Mädchen mußten an unseren Tischen bleiben und sticken (zum Klo durften wir nur einzeln). Richard bekam Ärger, weil seine Freunde die Dampfwalze vom Weg abgebracht hatten, so daß sie die Hauptwasserleitung rammte und die ganze Gegend einen Monat ohne Wasser war.

Und er lernte Autos mit Steinen zu bewerfen und Polizisten zu beschimpfen. Mutter nahm uns beide da raus, und nun gehen wir auf die zwei besten Schulen der Insel. Meine ist eine Klosterschule, und wir tragen Matrosenanzüge und lernen Französisch, und ich darf tatsächlich eher raus zum Ballettunterricht, denn meine Ballettlehrerin ist eine *refugiada* aus Rußland, aber ich muß sehr fleißig sein, um das Versäumte aufzuholen. Als Belohnung erhält man dafür Bänder und bunte Halstücher, und ich trage jetzt so viele davon, daß die Mädchen mir den Spitznamen *Capitán General de los Baleares**) gegeben haben.

*) Oberster Befehlshaber aller auf den Balearen stationierten Militäreinheiten, zur Franco-Zeit gleichzeitig Gouverneur und mächtigster Mann auf Mallorca.

Richards neuer Direktor ist ein Priester, der den Picadilly in London kennt und sagt: "Jeder nach seiner Facon!" Und Mutter fragte er über Richards Psychologie aus, bevor er wegging. Die Schule ließ er nach englischen Plänen bauen, mit Schiebefenstern und Wasserklosetts. Und er unterrichtet Gymnastik und Basketball. Und dann gibt es noch einen alten, grauen Kakadu, der das ganze *Grado Elemental* Buch auswendig kann, und einen großen, schwarzen Hund, der in den Klassen herumspaziert. Mutter zahlt eine Menge Geld für uns – mehr als drei Pfund für jeden im Monat, einschließlich Schulessen und Bücher.

Aber dafür sollen wir wertvolle Freundschaften mit Töchtern und Söhnen reicher Geschäftsleute schließen. Auf dem Schulhof sprechen wir Spanisch, denn die reichen Geschäftsleute wollen nicht, daß man ihre Kinder für gewöhnliche Mallorquiner hält, obwohl sie es natürlich sind. Ich glaube, Ihre Kinder würden sich in unseren Schulen wohlfühlen und schnell Spanisch lernen, obwohl sie es vielleicht nicht so toll fänden, zu Mittag mit Knoblauch eingeriebenes Brot und Olivenöl*) essen zu müssen. Daran haben wir uns gewöhnt, allerdings nicht an die *garbanzo* Suppe, die ist eklig. Wenn sie herumgereicht wird, frage ich die Mädchen an meinem Tisch: "Weiß jemand von euch die dritte Person Plural, Präteritum von *avoir*?" Und alle schreien es gleichzeitig, was sich anhört, als ob sich alle übergeben müßten. Und die Nonne wird dann böse.

Mit besten Grüßen,

Margaret

---

*) Es handelt sich um die einfachste Variante der mallorquinischen Spezialität *pa amb oli*, ungesalzenes, mit Knoblauch eingeriebenes und mit Olivenöl beträufeltes Bauernbrot, das mit luftgetrocknetem Schinken und/oder Tomaten belegt wird.

Die Baronin und das Mädchen mit den kurzen Haaren

Prolog

Vor fünfundzwanzig Jahren lud mich Meister Toni, der untersetzte, kahlköpfige, dunkeläugige, muskulöse und immer fröhliche Inhaber der Autowerkstatt in unserem Dorf, am Tage seines Schutzheiligen zum Mittagessen ein. Das Fest des Heiligen Antonius am 17. Januar wird in mallorquinischen Dörfern auf zweierlei Art gefeiert, erstens mit der ungewollt komischen priesterlichen Segnung sämtlicher Esel, Maultiere, Schäferhunde und Autos, welche die Gemeindemitglieder vor die Kirchentür gebracht haben, mit heiligem Wasser und zweitens mit einem Lagerfeuer, das am Abend vorher angezündet wurde und das normalerweise um Mitternacht soweit niedergebrannt ist, daß man auf der Glut die *buñuelos*, eine Art Krapfen, backen kann. Da das Feuer nach der Morgenmesse noch glomm, schickte Doña Isabel, die Frau von Meister Toni, dieses Mal ihre Kinder mit Schaufeln dorthin, um etwas Glut für die Kohlepfanne*) unter dem Eßtisch zu holen. Das Hauptgericht bestand aus in Kohl geschmorten Drosseln mit Schnecken, Tintenfischen und Safran-Reis. Außerdem gab es geräucherten Schinken, Scheiben von riesigen Radieschen, die ersten eingelegten schwarzen Oliven der Saison, Schafskäse aus Menorca, Feigenbrot, normales Brot und jede Menge Rotwein aus Binissalem. An die Drosseln kann ich mich deshalb erinnern, weil eine deutsche Dame in Wut ausbrach, als sie an jenem Morgen die toten Vögel fein säuberlich angehäuft auf dem Fußboden der Werkstatt erspähte. "Wie können Sie es wagen, unsere wunderschönen deutschen Singvögel zu ermorden!" schrie sie.

---

*) Als Heizungsersatz wurden Pfannen mit schwach glühender Kohle zum Wärmen der Füße unter die Tische geschoben. Während der kalten Jahreszeit gibt es das auch heute noch gelegentlich.

"Señora," erwiderte Meister Toni, "Ihre deutschen Singvögel sind schlecht erzogen: Sie machen sich über unsere Oliven her. Sie sind unsere Haupteinnahmequelle neben den Feigen, solche Feigen, wie ich Sie öfters von meinen Bäumen habe stehlen sehen, als Sie letzten September den Pfad in der Nähe unseres Hauses hinuntergingen."

Gefangen werden Drosseln mit Hilfe einer Methode, die in England als *Netzjagd**) bekannt wurde, aber ich glaube, dort wird sie nicht mehr praktiziert. In einer der breiten Schneisen, durch welche die Drosseln von ihren Nestern in den Steineichen aus den höheren Regionen herunterfliegen, stellen sich zwei Männer einige Schritte voneinander entfernt gegenüber und spannen zwischen sich ein an zwei langen, aufrecht gehaltenen Stöcken befestigtes Fischernetz. Bei Sonnenaufgang überfallen die ersten Staffeln von Drosseln, die *tordos d`auba,* die Olivenhaine und verheddern sich prompt im Netz. Beide Stöcke werden dann rasch nach vorne geworfen, so daß sie übereinander fallen. Danach drehen die Netzjäger den "Pechvögeln", die im Netz gefangen wurden, die Hälse um. Gegen acht Uhr kommt eine kleinere Staffel, die *tordos de gran dia,* heruntergeflogen, danach zunächst keine mehr, bis die *tordos de vispera,* die Abenddrosseln erscheinen. Netzjagd ist eine der wenigen Sportarten, welche die Dorfbewohner betreiben. Ein Berg, der in kleinen Terrassen steil vom Meer emporragt, läßt nicht genügend ebenes Gelände für ein Fußballfeld oder gar einen Tennisplatz. Und seit 1906, als der junge Mateo vom "Bunten Haus" versuchte, mit einer Steinschleuder einem Passanten die Pfeife aus dem Mund zu schießen, und ihm stattdessen damit ein Auge ausschlug, ist diese traditionelle mallorquinische Waffe sogar für die Kaninchenjagd verboten.

---

*) Die Netzjagd, wie oben beschrieben, wird auch heute noch auf Mallorca praktiziert – trotz aller Proteste internationaler Naturschützer.

Wie dem auch sei, Meister Toni hatte am Sankt Antonius Abend schön gefeiert und Mengen von *buñuelos* gegessen, bevor er sich zu Hause ein paar Stunden aufs Ohr legte, ehe er dann um fünf Uhr früh aufbrach, um *tordos d'auba* für unser Abendessen zu fangen. Aber da erschien der Totengräber in Mantel und Hausschuhen, der ihm mitteilte, seine Schwester, "Maria, die Nudelmacherin", sei wieder einmal schwer erkrankt, und der Arzt müsse sofort aus Sóller geholt werden. Also stieg Meister Toni in seinen betagten *Studebaker.* Als der Arzt sich um Maria gekümmert hatte, (sie lag bereits seit gut fünfzehn Jahren im Sterben), und wieder zurück nach Sóller gebracht worden war, blieben nur noch die minderwertigeren *tordos de gran dia* als Beute. Nichtsdestotrotz brachten es Meister Toni und ein gewisser "Sentiá Hundescheucher", der Hilfsarbeiter des Dorfes, auf zwei Dutzend Stück, was ein guter Fang für jene Saison war. Und sie schmeckten ausgezeichnet.

Vielleicht wäre an diese Stelle die Erklärung angebracht, daß nämlich "Maria, die Nudelmacherin" noch nie Nudeln gemacht hat. Es war einst der Beruf ihrer Urgroßmutter gewesen, der Spitzname aber ging auf die weiblichen Nachkommen über: Heute trägt ihn eine ihrer erwachsenen Enkelinnen, obwohl diese Handschuhe näht. Auch der ängstliche und habgierige "Sentiá Hundescheucher" erbte seinen Spitznamen von einem Vorfahren, dessen Aufgabe es gewesen war, an heißen Tagen streunende Hunde daran zu hindern, Zuflucht im kühlen Inneren der Kathedrale von Palma zu suchen. "Sentiá" ist die Kurzform von Sebastian. Man muß fast zuviel erklären, wenn man einmal anfängt, Geschichten über unser Dorf zu erzählen.

Als wir uns nach der Mahlzeit Kaffee und Weinbrand gönnten, konnte ich reinen Gewissens behaupten, ich hätte noch nie im Leben so gut oder so viel gegessen.

"Auch nicht am Piccadilly, Don Roberto?" fragte der schlitzohrige Meister Toni.

"Gewiß nicht, das versichere ich Ihnen!"

"Damián der Kutscher, Sentiá Hundescheucher und ich haben dort einmal ziemlich gut gegessen, während unseres berühmten Aufenthalts im Regent Palacio Hotel."

"Wieso haben Sie mir noch nie von Ihrer Reise nach London erzählt?"

"Ich bin ein beschäftigter Mann, und Sie sind auch ein beschäftigter Mann. Die lange Geschichte von der Baronin und dem Mädchen mit den kurzen Haaren habe ich mir für dieses Fest aufgehoben."

Hier also ist Meister Tonis Erzählung, wie ich sie noch am selben Abend niederschrieb. Da er jedes Wort, das mit St, Sc, Sp oder Sm anfing, nur aussprechen konnte, indem er ihm ein E voranstellte, habe ich hier alle Eigenamen dementsprechend behandelt. Wollen wir uns durch dieses "E" daran erinnern lassen, daß der Erzähler ein "E"spanier war.

Die Baronin und das Mädchen mit den kurzen Haaren

Alles begann an einem Tag im August, als zwei Herren in schwarzem Anzug und gestreifter Hose (übrigens eine äußerst unpassende Bekleidung für die unerträgliche Hitze, die damals herrschte), in einem sehr feinen Taxi aus Palma vor meiner Werkstatt anhielten. Der Fahrer, der mich kannte, fragte, ob die Herren ein vertrauliches Gespräch mit mir führen könnten. "Ich stehe Ihnen zur Verfügung," antwortete ich," es sei denn, sie wollen mir etwas verkaufen. Denn ich bin in diesem Monat sehr knapp bei Kasse."

Einer der Herren, der Spanisch konnte, hörte, was ich sagte. Er war ein kleiner Gockel von einem Mann, der häufig den Kopf fragend zur Seite neigte, sowie das Federvieh es auch tut. Wegen seines schwarzen Pilzhutes schätzte ich ihn nicht so wichtig wie den anderen ein, der einen Zylinder aus schwarzer Seide trug. "Dann lassen Sie mich Ihnen gratulieren, Don Antonio," sagte er. "Mein Freund, Herr P. P. Jonés hier, wird Ihre finanzielle Situation grundlegend verbessern. Wenn Sie seinen Vorschlag annehmen, wird er Ihre Taschen mit silbernen *duros* füllen. Ich selbst heiße Charley E-Strutt, zu Ihren Diensten."

"Wird er von mir irgendetwas Illegales verlangen?" fragte ich.

Mr. Estrutt übersetzte diese Frage für Mr. Jonés, der einem großen, luftgetrockneten Schinken ähnelte.

Dieser schüttelte vehement den Kopf: "On the Contrary!" (Im Gegenteil!) Und ich verstand ihn, da das Wort *contrary* mit dem in unserem mallorquinischen Dialekt identisch ist, obwohl es natürlich etwas anders ausgesprochen wird.

Ich lud sie nach oben zu einer Tasse Kaffee ein. Sie nahmen an, und als die Tassen geleert waren und Mr. Estrutt die Schönheit und Ruhe unseres Dorfes gelobt hatte, wartete ich darauf, daß sie zur Sache kämen. Als er aber weiterhin schwieg, sagte ich direkt: “Ihre goldenen Uhrketten und Ihr Schweigen, meine Herren, lassen mich schlußfolgern, daß Sie Rechtsanwälte sind, und Ihre schwarze Bekleidung deutet darauf hin, daß Sie nicht zum Vergnügen, sondern geschäftlich hierher gekommen sind. Auf den Etiketten Ihrer Aktentaschen steht “London”. Da nun dieses Dorf in den letzten zwölf Monaten nur ein einziges Mal die Ehre hatte, eine Landsmännin von Ihnen zu beherbergen, nämlich ein gewisses junges Mädchen mit jungenhaft kurzgeschorenen Haaren, die im Mai eine Woche lang im *Hotel Bonsol* wohnte, und zwar zusammen mit einem großen Ausländer, der weiß Gott woher kam, nehme ich also an, daß Ihr Geschäft irgendwie mit ihr zusammenhängt.”

Das Gesicht von Mr. Estrutt hellte sich auf. “Sie sind wahrhaftig intelligent, Don Antonio! Das trifft alles ziemlich genau zu, obwohl von uns beiden nur Mr. Jonés Rechtsanwalt ist. Er vertritt die untröstliche Mutter des Mädchens mit den kurzen Haaren, welche kürzlich Witwe geworden ist.”

Ich fragte ihn: “Und Ihr Beruf, Señor? Wäre es unangebracht, ihn mir zu verraten?”

Mr. Estrutt lächelte. “Überhaupt nicht,” sagte er. “Ich bin Inspektor der Londoner Polizei in Ruhestand und übernehme jetzt als Privatdetektiv – bei besserer Bezahlung – heikle Fälle für wohlsituierte Leute.”

Ich fuhr fort: “Dem äußerst seriösen Erscheinungsbild von Mr. Jonés nach zu urteilen muß er ein sehr wichtiger Rechtsanwalt sein.”

Mr. Estrutt raunte: “Für weniger als fünfzigtausend Peseten die Woche nimmt er gar keinen Fall an! Die besagte untröstliche Mutter ist jedenfalls stinkreich. Ihr Vater war ein chilenischer Multimillionär. Ich habe mal für ihn gearbeitet, als er von einem unehelichen Sohn erpreßt wurde.”

Ich warf ein: “Daher also Ihr südamerikanischer Akzent.”

Er errötete ein wenig. "Ja, ich weiß," sagte er, "Ihr Spanier verachtet die Südamerikaner, weil sie eure alte Sprache verhunzen."

Da Mr. Estrutt trotz des lächerlichen schwarzen Pilzhuts, den er auf seinem Knie balancierte, ein sympathischer Mann zu sein schien, versicherte ich ihm, daß unser mallorquinischer Dialekt sogar noch gröber und vom klassischen Spanisch weiter entfernt sei als sein chilenischer. Wir redeten so noch eine Weile um den heißen Brei herum, bis Mr. Jonés, der kein Wort verstanden hatte, auf seine große, goldene Uhr schaute und eine Bemerkung an Mr. Estrutt richtete. Es war klar, jetzt sollte es ums Geschäft gehen. Ich sagte mir: "Diese Leute haben Geld. Ich denke nicht daran, den ersten Preis, den Sie anbieten, zu akzeptieren – was immer es auch ist, das ich für sie tun soll."

Mr. Estrutt unterbreitete mir nun seinen Vorschlag. Ihm zufolge war das – noch minderjährige – Mädchen mit den kurzen Haaren aus einer französischen Konventschule weggelaufen und danach von einem bulgarischen Künstler brutal entführt worden. Es hätte viel Mühe gekostet, der Spur des Paares bis zu unserem Dorf zu folgen. Die untröstliche Baronin, ihre Mutter, wolle eidesstattliche Erklärungen als Beweise sammeln, so daß der bulgarische Ketzer mit einer lebenslänglichen Gefängnisstrafe für diese Tragödie büßen müßte. Aber vor allem galt es, einen Skandal zu vermeiden, deshalb sei die spanische Polizei nicht informiert worden. Also, wenn ich und zwei Freunde von mir vor einem englischen Richter erklären würden, daß der Bulgare das arme Mädchen ins *Hotel Bonsol* geschleppt habe, wo er dann an ihr ein Verbrechen beging, so würde die mißliche Verbindung vor Gericht als bewiesen gelten und der Kriminelle bestraft werden.

Mr. Jonés sei es bekannt, sagte mir Mr. Estrutt, daß ich das Paar in meinem Taxi vom Kai in Palma zum *Hotel Bonsol* gebracht hatte, daß ein gewisser Sebastian Vivés (damit gemeint war Sentiá Hundescheucher) ihr Gepäck in besagtem Hotel auf ihr Zimmer getragen hatte, daß der Hotelier Damián Frau (gemeint war Damián, der Kutscher) ihnen am nächsten Morgen das Frühstück am Bett serviert hatte. Mr. Jonés hoffte, wir würden so freundlich sein, in einem Monat London aufzusuchen, nicht nur, um die Ehre eines noblen englischen Hauses zu retten, sondern auch, weil die untröstliche Baronin eine gläubige Katholikin sei, und er hätte von unserem mallorquinischen Eifer um die Bewahrung der Unantastbarkeit der katholischen Familie gehört.

Ich erwiderte: "Nur unter uns, Mr. Estrutt, das Mädchen mit den kurzen Haaren schien keineswegs unter Zwang zu stehen. Auf unserer Fahrt aus Palma umarmte und küßte sie den Ketzer allem Anschein nach mit echtem Vergnügen, was ich im Rückspiegel nicht übersehen konnte."

Sie können sich meine Überraschung vorstellen, als Mr. Estrutt mir mit dem von Mr. Jonés abgewandten Auge zuzwinkerte und antwortete: "Don Antonio, unsere jungen Mädchen in England sind durch die Aufregungen des letzten Krieges völlig enthemmt worden. Es kann außerdem sein, daß das arme Kind fürchtete, daß, falls sie ihn nicht in der Öffentlichkeit liebkoste, er sie grausam zurichten würde, wenn sie wieder einmal alleine wären."

Kurzum, das Angebot an uns drei Zeugen für einen Aufenthalt in London belief sich auf zwanzig Peseten am Tag zuzüglich der Reisespesen, Verpflegung und Unterkunft, Wäsche, Wein, Zigarren und alles, was wir im Rahmen des Vernünftigen haben wollten, Ausflüge zu Sehenswürdigkeiten nicht ausgeschlossen. Dazu würde jeder von uns fünfhundert Peseten bekommen, für den Fall, daß wir dem Richter unser Beweismaterial so vortrügen, daß es ihn überzeugte. Er bat mich auch darum, so nett zu sein, dieses Angebot an meine Freunde Don Sebastian und Don Damián weiterzuleiten.

Ich wollte wissen, wie lange wir fort wären, und Mr. Estrutt schätzte, daß wir innerhalb von drei Wochen wieder zu Haus sein würden. Ich sagte, wir würden erst dann zustimmen oder absagen, nachdem wir darüber geschlafen hätten, aber Mr. Jonés wünschte unsere Unterschriften unter den Vertrag am selben Abend, da er noch gerne das Schiff nach Barcelona erreichen wollte.

Ich ließ die Engländer bei mir zu Hause warten, begab mich zum *Hotel Bonsol* und ging ein Weilchen mit Damián spazieren. "Du bist ein gescheiter Mann," sagte ich, "und kennst dich bei den Reichen aus. Mir liegt eine Einladung vor, als Zeuge in einem Kidnapping-Fall nach London zu fahren. Nun, reichen zwanzig Peseten am Tag, alles inklusive, als Provision für so eine Sache? Ich würde ungefähr drei Wochen lang weg sein."

Damián hielt inne, schaute mich erstaunt an, spuckte einmal kräftig auf den Boden und sagte: "Mann, es wäre bescheuert von dir, dazu nein zu sagen! Ich selbst würde ohne Bezahlung fahren, auch wenn es nur darum ginge, diesem langweiligen Loch zu entkommen und wieder die große Welt zu sehen."

Sie müssen wissen, Damián war früher Kutscher beim Präsidenten von Argentinien, wovon er den Spitznamen hat, und dachte immer noch an jene glorreichen Tage. Er fügte hinzu: "Aber was zum Teufel hat diese Entführung mit dir zu tun?"

"Geduld, mein Freund," sagte ich, "sag mir erst, ob der Preis im Prinzip richtig ist."

Er überlegte, spuckte noch einmal und meinte: "Im Prinzip, Toni, solltest du dreißig Peseten am Tag verlangen. Die Engländer rechnen in der Regel mindestens fünfzig Prozent dazu, wenn sie mit Spaniern verhandeln."

"Und fünfhundert Peseten extra?"

"Eine stattliche Summe, bei Gott! Ich wünschte, ich hätte die Chance, soviel in drei Wochen Urlaub zu verdienen."

"Dann freue dich, Damián! Du bist auch eingeladen!"

Das hielt er zuerst für einen Witz, aber nachdem er meine Geschichte gehört hatte, warf er seinen Hut so hoch in die Luft, daß er über die Terrasse ins Tal hinunter und letztlich in den Torrente flog, und nie wieder gesehen wurde.

Wir gingen sofort zu Sentiá hin und machten ihn mit seinem Glück bekannt. Da er zu der Zeit damals knapp fünf Peseten am Tage bekam, die ein Gelegenheitsarbeiter verdiente, sprangen ihm die Augen vor Gier förmlich aus den Höhlen. Trotzdem mußten wir eine ganze Menge *coñac* in ihn hineinkippen, bevor wir ihn überzeugen konnten mitzumachen. Da er noch nie in seinem Leben die Insel verlassen hatte, hegte Sentiá eine furchtbare Angst davor, in einem Sturm auf hoher See zu ertrinken. Letztendlich aber stimmte er zu. Nachdem Damián und ich die zusätzlichen zehn Peseten pro Tag Mr. Jonés kampflos abgehandelt hatten, gingen wir mit Sentiá zum Bürgermeister, der auch als Amtsrichter des Dorfes fungierte, und brachten ihn dazu, den veränderten Vertrag zu bezeugen. Schließlich unterschrieben wir alle das von einem spanischen Notar verfaßte Dokument. Sentiá kritzelte Namen und Unterschrift mit zitternder Hand darauf, "Gott, sei mir gnädig und laß das hier nicht mein Todesurteil werden!"

Kein Mensch aus unserem Dorf war je in England gewesen, und uns dreien schien es großartig, die ersten zu sein. Unsere Frauen waren natürlich nicht dafür, es sei denn, sie könnten auch mitkommen, stimmt doch, nicht wahr, Isabel? Aber Mr. Estrutt meinte, ein solches Unternehmen wäre sehr unklug, auch wenn wir bereit wären, die zusätzlichen Reisekosten und Spesen aus unserem Portemonnaie zu zahlen. Dann machte die Frau von Sentiá eine Szene und nannte uns Narren, da wir nicht fünfzig Peseten am

Tag verlangt hätten, und einen Tausender dazu, da Mr. Jonés so bereitwillig zugestimmt hatte. In ihrem Innersten war sie davon überzeugt, schrie sie, daß ich von den Engländern bestochen worden sei, um die Verhandlungssumme niedrig zu halten. Aber meine Isabel und Damiáns Frau Angela sagten ihr, sie solle still sein, da das Angebot sehr großzügig gewesen und das Dokument nun bindend unterschrieben sei.

Damit war die Angelegenheit erledigt. Wir versprachen, häufig zu schreiben, und unsere Frauen mußten uns auch versprechen, sich in unserer Abwesenheit zu benehmen und sich ordentlich um die Kinder zu kümmern.

Mit der Hand auf dem Herzen schworen wir, wir hätten nie im Traum daran gedacht, unser Dorf auch nur für drei Wochen zu verlassen, ginge es nicht um die Rettung einer katholischen Familie. Was das betrifft, sind die Frauen dieser Insel tatsächlich kaum weniger eifrig als Mr. Estrutt angedeutet hatte, und ich glaube nicht, daß unsere Frauen uns hätten fahren lassen, wäre es einzig und allein ums Geld gegangen.

Wie ich später herausfand, verbrachte Isabel während unserer Abwesenheit die Hälfte des Tages in der Kirche mit Gebeten für meine Sicherheit und für den geistlichen Trost der unglücklichen Witwe.

Nun, Sie haben die Reise mehrmals hinter sich gebracht, Don Roberto, und sie ist für Sie nichts Neues, aber für mich war es unglaublich, als wir die Grenze zu Frankreich überquerten. Wie ein Wunder kam es mir vor, daß sich innerhalb eines Kilometers das Aussehen von so vielen Sachen änderte: Bekleidung, Sprache, Uniformen, Strommasten, die Farbe der Briefkästen, sogar die Form und der Geschmack des Brotes!

Mr. Estrutt hatte uns mit dem Taxi im Dorf abgeholt, um uns persönlich durch den Zoll, die Paßkontrolle und andere

Schwierigkeiten zu lotsen. Er schien uns wie ein anderer Mensch, als er einmal aus dem Schatten des ernsten Mr. Jonés getreten war: er trug einen cremefarbenen Anzug aus Gabardine, einen harten Strohhut mit einer grellen gelben Borte, und sein Gehstock hatte einen vergoldeten Knauf. Außerdem fing er an, uns unanständige Witze zu erzählen. Er kam hier bei uns etwas übermüdet an, nachdem er in der Bar *Macarena* die Nacht durchgemacht hatte. Kennen Sie zufälligerweise diese Bar? Jedenfalls ist es eine erstaunliche Leistung, daß er diesen Zigeunern lebend entkommen ist, sogar noch im Besitz seiner Geldbörse, seiner Krawattennadel mit Perle und des Gehstockes mit dem vergoldeten Knauf. Diese Londoner Polizisten sind wohl verkappte Löwen.

Wir legten mit dem Nachtschiff nach Barcelona ab, und unseren Frauen liefen die Tränen übers Gesicht, als sie uns von der Kaimauer aus zuwinkten. Ich muß gestehen, daß ich mich auch einen Moment lang fragte, ob meine Entscheidung gut überlegt gewesen war. Was Sentiá angeht, so befand er sich in einem bedauernswerten Zustand, und Mr. Estrutt gab ihm eine Pille, die ihn schnell einschlafen ließ.

Sobald wir den Hafen von Palma hinter uns gelassen hatten, bat Mr. Estrutt Damián und mich, ihn in die Bar zu begleiten. Beim *coñac* sagte er: "Jungs, bald werde ich mich in meine Kabine begeben, um meinem Nachholbedarf an Schlaf gerecht zu werden, aber vorher möchte ich offen mit euch reden. Die Geschichte mit der Entführung, müßt ihr wissen, ist frei erfunden. Die haben die Baronin und ich uns ausgedacht, um eure Frauen von der Notwendigkeit, euch fahren zu lassen, zu überzeugen. Wir haben darüber hinaus die Entscheidung getroffen, Mr. Jonés kein Wort darüber zu sagen. Obwohl er ein intelligenter Rechtsanwalt ist, denkt er doch engstirnig und sehr moralisch, so daß er sich niemals, auch nicht für eine gute Sache, die es verdiente, auf eine kleine Täuschung einlassen würde."

“Dann sag` uns, um Gottes Willen, jetzt die Wahrheit, aber auf der Stelle!” knurrte Damián ihn an.

“Die Wahrheit ist,” sagte er, “daß die alte Hexe von einer Baronin ihren Mann, den Baron, vor drei Monaten verlor: er stürzte vom Balkon ihres Zimmers im Hotel *Esplendido* in Cannes, und möglicherweise war es tatsächlich ein Unfall. Wer weiß? Aber immerhin! Jetzt hat sich die Witwe in einen pensionierten Offizier der königlichen Leibwache verliebt. Dieser Offizier, dessen Beruf es ist, eine Meute Fuchshunde zu leiten, besitzt zwar ein großes Gut, aber wenig Geld, um es zu unterhalten, dafür aber einen Berg von Spielschulden. Der ist also bereit, die alte Schachtel zu heiraten. Sie ist übrigens bei Kerzenlicht gar nicht so unansehnlich, falls die Kerze weit hinter ihr steht und der Betrachter sich eine Sonnenbrille aufgesetzt hat. Das einzige Hindernis bei dieser Verbindung ist seine junge Frau, eine Schauspielerin, die ihn vor nicht allzu langer Zeit im Glauben, er wäre reich, geheiratet hatte. Als sie aber entdeckte, daß er sie belogen hatte, zeigte sie keine Skrupel, Trost in der Gesellschaft von anderen Männern zu suchen. Aber sie verwischt ihre Spuren gut bei der Jagd – nach Männern, nicht nach Füchsen, natürlich. Auch ist sie recht hübsch, findet ihr nicht?”

Da Mr. Estrutt damit eindeutig das Mädchen mit den kurzen Haaren meinte, sagten Damián und ich, ja, sie sei in der Tat ein Leckerbissen, obwohl vielleicht ein bißchen dünn, und das Blau ihrer Augen sei ein wenig zu blaß.

“Also, Jungs,” fuhr Mr. Estrutt fort, “ihr seht, eure Aussagen werden für die Baronin sehr wertvoll sein. Falls der fuchsjagende Offizier seine Scheidung von dem Mädchen mit den kurzen Haaren durchbekommt, dann kann die Baronin ihn heiraten, wenn sie sämtliche Gerichtskosten bezahlt hat. Jetzt zu meiner Rolle in dieser Geschichte: letzten Mai erhielt das Mädchen mit den kurzen Haaren eine Einladung, ihre ältere Schwester in Tossa an der Costa

Brava zu besuchen. Aber als die Baronin mich im letzten Juli dorthin schickte, um Ermittlungen anzustellen, fand ich heraus, daß das Mädchen sich nach einem einzigen Vormittag in Tossa in Begleitung des bulgarischen Künstlers, den sie im Zug kennenlernte, nach Mallorca abgesetzt hatte. Ich bin ihnen diskret nachgereist und habe, ohne euer Dorf aufzusuchen, eure Namen von einem freundlichen Unteroffizier der Küstenwache erfahren. Mit diesen Informationen kehrte ich nach London zurück, wo Mr. Jonés sich entschloß, die Baronin für seine Bestätigung meiner Geschichte eine ungeheure Summe bezahlen zu lassen. Ich sollte an dieser Stelle auch sagen, daß andere Tatbestände von Ehebruch gegen das Mädchen mit den kurzen Haaren vorliegen, aber dieser hier ist der einzige, den Mr. Jonés wagt, vor Gericht zu bringen. Ich hoffe, Jungs, ihr könnt mir wegen der vielen Lügen, die ich euch erzählte, verzeihen."

Ich lachte. "Mann, Damián und mir ist es gleich," sagte ich, "solange wir laut Vereinbarung bezahlt werden."

Mr. Estrutt klopfte mir auf den Rücken und rief, "Deine Einstellung gefällt mir, Toni, wenn ich dich so nennen darf! Und du muß mich Charley nennen, wie alle es tun. Aber noch eine Sache: als ihr die zusätzlichen zehn Peseten pro Tag verlangtet, sagte ich Mr. Jonés, daß ihr als gläubige Katholiken streng gegen die Eheschließung von - Geschiedenen seid, und für eine Aussage in so einer Sache, die eigentlich überhaupt nicht in eurem Interesse sei, müßtet ihr mindestens zusammen dreißig Peseten kriegen. Jetzt hab ich genug geredet, aber ich glaube schon, daß wir eine wunderbare Zeit in London verbringen werden. Übrigens solltet ihr meine liebeskranke, alte Baronin nicht wissen lassen, daß ich euch die wahre Geschichte erzählt habe. Ich denke, es wäre besser, wenn der gute Sentiá auch nichts von unserem Geheimnis erfährt. Das würde nur seine Meinung über mich noch weiter verschlechtern."

Dann füllten wir unsere Gläser erneut und tranken unzählige *coñacs* auf das Wohl der Baronin, des verblichenen Barons, des Mädchens mit den kurzen Haaren, des fuchsjagenden Offiziers, des Mr. P. P. Jonés und des Richters und auf das von vielen weiteren Leuten, die auch nur im entferntesten mit der Affäre zu tun hatten. An dem Abend hat Mr. Estrutt seinen Schlaf nicht nachholen können.

Unsere Ekzesse hielten uns aber nicht davon ab, den Hafen zu erreichen, und wir gönnten uns anschließend ein Luxusessen im Hotel Palacio in Barcelona, Hummer in Mayonaise, französische Weine, alles vom Feinsten. Sentiá Hundescheucher war so sehr durch das elegante Ambiente eingeschüchtert, daß er seinen Mund nur einen Spalt öffnete, um etwas Essen hineinzuschieben und behielt ansonsten seine riesigen, roten Hände unter dem Tisch versteckt. Damián aber genoß diese kurze Rückkehr zum luxuriösen Leben voll und ganz. So hatte er es im Palast des Präsidenten zu Buenos Aires kennengelernt, und er erzählte mehr über seine Vergangenheit, als ich je gedacht hätte, obwohl wir uns schon seit zwanzig Jahren oder länger kannten.

Nach einer Nacht in einem Zug mit sehr engen Betten kamen wir in Paris an und wurden mit dem Taxi zum *Gare du Nord* gebracht. Da sagte Mr. Estrutt plötzlich: "Tut ihr mir einen Riesengefallen, Jungs? Ich muß in die Stadt. Wartet auf mich im Restaurant dort drüben. Bestellt zu essen und zu trinken, was euch gefällt, aber hütet euch davor, mit irgend jemandem ins Gespräch zu kommen! Meine Anweisungen von der Baronin lauten, euch nicht aus den Augen zu lassen. Ich werde rechtzeitig zur Abfahrt des Zuges zurückkommen."

Damián fragte, "Wieviel bringt uns dieser Riesengefallen, Don Charley?"

Er antwortete, "Wenn ihr mich schützt, Damián, werde ich euch auch schützen. Reicht das nicht?"

Da Mr. Estrutt sich im Besitz des ganzen Geldes und aller Fahrkarten befand, mußte diese Antwort Damián zufriedenstellen. Es kam trotzdem zu einem peinlichen Zwischenfall, als zwei Geschäftsleute aus Palma, die ich nur flüchtig kannte, ins Bahnhofsrestaurant kamen und mich grüßten. Ich schaute durch sie hindurch und tat so, als wäre ich ein Deutscher. Ich wendete mich Damián zu und sagte das einzige auf Deutsch, was ich konnte: "Heute ist Sonntag!" Damián, der rasch kombinieren kann, schüttelte den Kopf und antwortete: "Donnerwetter!" Mehr Deutsch kann er auch nicht. Die zwei Männer aus Palma setzten sich an einen Tisch in einer entlegenen Ecke und starrten uns von dort aus an. Wir drei wagten es nicht, miteinander ein einziges Wort in unserer eigenen Sprache zu wechseln, bis sie wieder gingen. Das Essen war übrigens schlecht.

Das war um zwei Uhr. Der Zug nach Calais fuhr um sechs, aber vier Uhr war schon verstrichen, bald auch fünf Uhr und halb sechs, und viertel vor sechs und wir saßen immer noch dort. Um zehn vor sechs sagte Damián, "Das gefällt mir nicht. Was ist bloß mit Mr. Estrutt passiert?"

"Nur Geduld!" sagte ich. "Er ist in Ordnung und wird Wort halten."

Aber Sentiá wurde immer nervöser und schrie, wir hätten nicht hierher kommen sollen. Wir seien nach Paris in ein Geschäft mit dem Teufel gelockt worden, meinte er, vielleicht um als Sklaven an die Mauren verkauft zu werden. Hatte er nicht diese bösen Vorahnungen am Tage des Vertrages gehabt?

Dazu sagten wir nichts. Schließlich stand Damián auf. "Gut," sagte er, "Laßt uns die Mäntel anziehen und fertig werden. Ich habe keine Zweifel, daß Mr. Estrutt genau im letzten Augenblick auftauchen wird."

Bevor er den Satz zu Ende hatte, stürmte Mr. Estrutt ins Restaurant, zahlte unsere kleine Rechnung mit einem sehr großen Geldschein und brachte uns eiligst zum Bahnsteig. Dreißig Sekunden vor der Abfahrt saßen wir im Zug nach Calais.

“Mein Gott, das war knapp!” atmete Mr. Estrutt auf, als er in seinem Sitz versank. “Ich habe aber herausgefunden, was ich wissen wollte.”

Damián fragte: “War es ein schönes, zartes Hühnchen?”

Mr. Estrutt nahm ihm den Scherz nicht übel. “Leider nein,” erwiderte er, “dies hier war etwas Ernstes und nichts Kulinarisches. Eines Tages erzähle ich euch davon. Aber vielen, vielen Dank für eure Geduld, Jungs! Wie wäre es jetzt mit einer Runde Karten?” So spielten wir Truc bis Calais.

Entgegen allen Gerüchten war der Ärmelkanal so eben wie Glas, und auf der anderen Seite fanden wir wieder ein ganz anderes Land vor, grün und wunderschön! Es war schon Herbst, aber die ganze Zeit, während wir dort waren, schien die Sonne. Ich kann mir nicht vorstellen – wie die Spanier behaupten – daß das englische Klima schlecht sein soll. In Dover nahm uns eine enorme Rolls-Royce Limousine mit nach London, wo wir stundenlang in einem Wirrwarr von Straßen herumzufahren schienen, und wir überquerten den Fluß, die Tamesis. Endlich kamen wir zum Picadilly Circus mit seinen phantastisch bunten Leuchtreklamen und eilenden Menschenmengen. Gleich in der Nähe lag das Regent Palacio Hotel. Im ersten Stock erwartete uns eine private Suite, komplett mit zwei Badezimmern, einem Eßzimmer und jeglichem Komfort dieser Welt, sogar mit Zimmerkellnern. Und jeden Morgen kam ein Frisör, der uns nach dem Frühstück rasierte!

Mr. Estrutt hatte Sinn für Humor. Am nächsten Morgen nahm er Damián und mich beiseite und sagte: “Wenn die alte Kuh hier gleich reinkommt, um euch zu begrüßen, vergeßt bitte nicht, ihr euer Mitleid für das Schicksal ihrer armen Tochter zu bezeugen. Je intensiver euer Mitgefühl, desto mehr regt sich ihr Gewissen wegen dieser Entführungsgeschichte. Und bitte schmeichelt ihr auch! Ich habe vergessen euch zu erklären, daß ihr in dieser privaten Suite seid, weil sie euch von der Öffentlichkeit abschirmen möchte. Ich hatte ihr nämlich gesagt, wenn der Rechtsanwalt des Mädchens mit den kurzen Haaren erfahren sollte, daß ihr hier seid, dann würde er mit Sicherheit versuchen, euch mit der wahren Geschichte zu konfrontieren, und das könnte bedeuten, daß ihr nicht mehr aussagen würdet. Die Situation ist für uns optimal. Wir werden mit ihren Ängsten spielen und uns eine sehr schöne Zeit zusammen genehmigen. Dabei werde ich euch auch (zumindest theoretisch) nie aus den Augen lassen."

Gerade hatte er zu Ende gesprochen, als die Baronin selbst durch die Tür hereinkam. Sie trug einen schwarzen Hut, einen Mantel aus schwarzem Zobel, und schwarze Handschuhe. An ihre schwarzen Augen preßte sie ein schwarz gesäumtes Taschentuch. Nachdem sie uns in fließendem Spanisch begrüßt hatte, wobei ihr Redefluß durch zahlreiche Schluchzer unterbrochen wurde, dankte sie uns vom Grunde ihres Mutterherzens für unsere Bereitschaft, ihre Tochter vor dem verbrecherischen, bulgarischen Ketzer zu retten, der sich – Dank sei der Heiligen Jungfrau von Guadalupe! – in Polizeigewahrsam befände. Sentiá weinte dann auch, und Damián versicherte ihr, er hätte ähnliches Leid durchstehen müssen: seine eigene Tochter wäre einmal von einem englischen Lord entführt worden, der sie ruiniert und dann wie einen alten Handschuh weggeworfen hätte. Damián hat, wie Sie wissen, gar keine Kinder, und er kann lügen, ohne mit der Wimper zu zucken. Diese Anekdote beeindruckte sogar unseren Freund, Mr. Estrutt, der ihm auf die Schulter klopfte und voller Bewunderung sagte: "Es ist mir wie ein Wunder, Señor Frau, daß Ihr Herz es Ihnen erlaubt, dem englischen Adel zu verzeihen. Ihr Körper beherbergt eine sehr fromme Seele."

Es war in der Tat eine Komödie! Ich selbst erzählte der Baronin, nur so ein tiefes Leid wie das ihre vermochte es, mich von meiner Insel und von Frau und Kindern zu trennen, um in diese unbekannte, angsteinflößende Stadt zu kommen. Dabei war die Baronin immer noch mit ihrem Taschentuch beschäftigt, aber erwiderte, daß nur ein Spanier so edel hätte sprechen können. Als Katholikin sei sie keinen Deut weniger gläubig als ich, betonte sie, und Gott und die heilige Jungfrau würden der gerechten Sache zum Sieg verhelfen.

Ich sagte, was mir in den Sinn kam: "Der bulgarische Ketzer sah wie ein wahrer Verbrecher aus. Wollen wir hoffen, daß er aufgehängt wird. Was für eine Vorstellung, ein wohlerzogenes Mädchen würde sich so einem Tier anvertrauen. Doch Ihre arme Tochter tat es, und das spricht für das Ausmaß ihrer Unschuld. Aber das für mich Überraschende in dieser schmerzhaften Angelegenheit ist, wie Sie, Señora, ihre Mutter sein können. Sie sind doch nicht annähernd alt genug dafür!"

"Ich habe mich jung vermählt," erklärte sie und trocknete sich erneut die Augen.

Als sie weg war, öffneten wir die Fenster, um den starken Duft von Veilchen und Sandelholz, den sie zurückgelassen hatte, loszuwerden.

Der Prozeß wurde wegen einer juristischen Komplikation um zwei Wochen verschoben. Das bedeutete, wir würden noch drei weitere Wochen von zu Hause weg sein, aber das störte uns kein bißchen. Mr. Estrutt riet uns aber dazu, Mr. Jonés zu sagen, unsere Geschäfte würden in unserer Abwesenheit mit Sicherheit Konkurs gehen, und wir würden pro Tag fünfzig Peseten und zum Schluß tausend Peseten brauchen. Die Baronin kam unseren neuen Forderungen gern nach, und wir unterzeichneten ebenso gern einen neuen Vertrag. Noch nie hatte ich so viel Geld verdient, ohne irgend etwas dafür zu tun!

Ich sollte auch erwähnen, daß Mr. Estrutt stets dieselbe, riesige Rolls-Royce Limousine zu seiner Verfügung hatte, wann immer wir einen Ausflug machen wollten. Er zeigte uns die Hauptsehenswürdigkeiten Londons: Den Tower und die Tower Bridge, das historische Wachsmuseum, das Naturkundemuseum, dann die Docks und die fabelhaften Botanischen Gärten, wo man ein tropisches Paradies betritt und fast einen Hitzschlag bekommt! Ebenso die Gerichtssäle, wo wir bald aussagen sollten und vieles andere, dazu Kinobesuche oder Musikrevuen fast jeden Abend.

Mr. Estrutt stellte uns auch seine Frauen vor, nachdem er Sentiá erklärt hatte, Polygamie wäre bei der Londoner Polizei gang und gäbe. Zwei dieser Frauen wohnten in verschiedenen Stadtteilen Londons, jede in einem kleinen Haus aus rotem Backstein mit einem Blumengarten. Wir Mallorquiner saßen im sonnigen Garten, tranken Bier und rauchten Zigaretten, während Mr. Estrutt nach oben ging, um mit seiner Frau Familienangelegenheiten zu besprechen. Jede seiner Frauen hatte auch einen kleinen Jungen, mit dem wir auf dem Rasen Ball spielten. Als nächstes lernten wir seine dritte Frau kennen, die in einem großen Haus nahe Brighton wohnte. Sie schien sehr reich zu sein, jedoch nicht annähernd so schön wie die anderen beiden. Von der Reichen erhielten wir Mallorquiner Whisky und Zigarren, während wir auf dem Rasen saßen und mit einem Pudel spielten. Mr. Estrutt zeigte uns nachher ein neues, goldenes Feuerzeug, das er als Geburtstagsgeschenk von dieser Lady erhalten hatte. Die vierte Frau aber, die viele Kilometer nördlich von London wohnte, war alt, häßlich und mürrisch. Die brüske Art, wie sie Mr. Estrutt begrüßte, ließ vermuten, daß sie wohl die Oberfrau war. So meinte zumindest Damián, der während der Militärzeit in Melilla*) ein ähnliches Benehmen in den Familien der Mauren hatte beobachten können: die Oberfrau sei immer eifersüchtig und gehässig.

Eines Tages nahm mich Mr. Estrutt beiseite und sagte: "Toni, mein Freund, ich glaube, wir brauchen eine kleine Veränderung. Nicht, daß ich mich über das Palacio beschweren könnte, aber auch das beste Hotel geht einem nach drei Wochen auf den Geist. Es wäre mir auch nicht recht, daß die alte Vogelscheuche, die Baronin, denken könnte, ich hätte die mir von ihr übertragenen Aufgaben

---

*) Bei Melilla handelt es sich um eine spanische Enklave an der Mittelmeerküste Marokkos.

vernachlässigt. Also, ihr werdet um Mitternacht bereit sein umzuziehen, aber wir werden, wie gewöhnlich, Sentiá keinen Ton davon sagen!"

Sentiá ging an jenem Abend um elf Uhr ins Bett und fing gleich an zu schnarchen. Dann rief Mr. Estrutt die Baronin an und sprach mit besorgter Stimme. Durch den Hörer nahmen Damián und ich wahr, wie ihre aufgeschreckte Stimme immer schriller wurde. Mr. Estrutt antwortete mehrmals "ja, jawohl, ja Mylady!" Er erzählte ihr, glaube ich, daß der Rechtsanwalt des Mädchens mit den kurzen Haaren einen spanisch sprechenden Kellner bestochen hätte, der uns die wahre Geschichte offenbaren sollte, und nur das rechtzeitige Einschreiten von Mr. Estrutt hätte die Unterhaltung gleich von Beginn an unterbinden können. Die Baronin bat Mr. Estrutt eindringlich, uns sofort in ein anderes Hotel zu bringen.

Wir packten auf der Stelle und weckten Sentiá. Damián sagte, "Junge, wir sind in großer Gefahr! Der bulgarische Ketzer hat uns entdeckt! Schnell, wenn dir dein Leben lieb ist!"

Als wir hinauskamen, wartete schon die große Rolls-Royce Limousine vor der Hoteltür auf uns. Drinnen saß die äußerst nervöse Baronin, mit einem lila Schal über ihr Gesicht gezogen, damit niemand sie erkennen könnte. Mr. Estrutt stimmte ihr zu, daß keine Zeit zu verlieren sei, und der Fahrer fuhr sofort los. Wir rauschten mit hoher Geschwindigkeit ab, aber die Baronin war sich sicher, daß uns jemand folgte. Sie befahl dem Fahrer, nach Belieben in Seitenstraßen abzubiegen, um durch Schlenker und Haken unsere Verfolger abzuschütteln. Der Fahrer gehorchte, aber auch nach den wildesten Änderungen der Fahrtrichtung schaute sie weiter durchs Rückfenster und schrie: "Da ist es! Dasselbe Auto wieder!" Sentiá, der vor Angst schweißgebadet war, bekreuzigte sich unentwegt und fragte mich: "Glaubst du, sie werden uns töten?"

Nach einer Stunde dieses Schwachsinns erreichten wir offenes Gelände. Der Fahrer setzte den Rolls-Royce rückwärts in einen kleinen Weg und schaltete die Scheinwerfer aus. Wir saßen noch eine Stunde im Dunkeln, während ein Strom von Autos an uns vorbeiraste. Als die Baronin endlich überzeugt war, daß sie unsere Verfolger ausgetrickst hatte, fuhren wir über Nebenstraßen wieder zurück und fanden uns um zwei Uhr morgens in einer privaten Suite im Estrand Palacio Hotel, nur einen knappen Kilometer vom Regent Palacio entfernt, wo man uns – um der Geheimhaltung willen – durch den Lieferanteneingang einließ. Ist es nicht komisch, daß jedes Hotel auf unserer Reise Palacio hieß? Aber der arme Sentiá ist in jener Nacht wohl hundert Tode gestorben.

Wir schrieben jede Woche einmal nach Hause, daß es uns gutginge, daß das Geschäft bestens lief und daß wir zuversichtlich seien, alles würde wie erwartet enden. Darunter setzten wir diese netten Abschlußfloskeln, die man in der Schule lernt. Unsere Familien antworteten auf gleiche Weise, nur etwas religiöser. Während unserer Abwesenheit passierte im Dorf nichts Bemerkenswertes, außer daß ein großer Gewittersturm viele Äste in meinem Olivenhain abriß und drei Terrassenmauern einstürzen ließ.

Eines Tages fragte mich Mr. Estrutt: "Mein Freund, macht euch dieses Leben noch Spaß?"

Ich antwortete: "Sehr! Denke nur, durch den neuen Vertrag werde ich bald genug Geld verdient haben, um mir ein schönes amerikanisches Auto zu kaufen, wenn ich den alten *Studebaker* in Zahlung gebe. Eine gerechte Belohnung für meine harte Arbeit! Aber, Don Charley, in einer Sache hast du uns betrogen!"

"Wie, euch betrogen?" fragte er überrascht.

"Nun," sagte ich, "du hast uns sehr feudal essen lassen, du hast uns gute Betten, erstklassige Drinks und wunderbare

Havanna-Zigarren spendiert, du hast uns häufig ins Kino und in die Musikrevue und sogar einmal in die Oper sowie zu den berühmten Sehenswürdigkeiten Londons eingeladen. Aber du hast dich nicht um andere, dringende Bedürfnisse gekümmert! Es ist, wie man auf Mallorca sagt, als ob man Kinder zum Konditor führt, ohne ihnen dort Süßigkeiten zu kaufen. Wir sind zwar alle gläubige Katholiken, aber keiner von uns ist ein Mönch."

(Welch ein Glück, Don Roberto, daß Isabel gerade in diesem Moment herausgegangen ist, um, wie ich annehme, das Geschirr abzuwaschen oder die Hühner zu füttern. Sonst müßte ich diese Episode überspringen. Sie wird ohnehin sehr kurz bleiben müssen.)

Mr. Estrutt hatte sofort verstanden, bevor ich so richtig zu Ende reden konnte. "Wenn es nur das ist, Freund Toni, läßt sich das leicht arrangieren," sagte er, "ich wollte nichts sagen, aus Furcht, ich könnte möglicherweise jemanden verletzen. Da ihr nicht zur Londoner Polizei gehört, dachte ich, vielleicht gönnt ihr euch in einigen Bereichen weniger Freiheit, als ich sie mir erlaube. Aber gut, ich werde sofort mit einem Kollegen, der solche Dinge regelt, telefonieren. Ich verspreche euch, künftig werdet ihr euch nicht mehr beschweren können, daß ich euch betrogen hätte."

Er hielt Wort. Am selben Abend, nachdem wir Kaffee getrunken hatten, klopfte es an der Tür, und herein kamen drei wunderschöne, lächelnde Blondinen, jede in einem hautengen Seidenkleid. Mr. Estrutt übernahm die Aufgabe, uns vorzustellen, und achtete darauf, daß jeder einen Fantasienamen bekam. Dann ließ er den Korken einer unglaublich großen Flasche Champagner knallen und füllte sieben Gläser. Ich sicherte mir die Aufmerksamkeit der ersten jungen Dame, und Damián zögerte nicht lange, sich der zweiten zu bemächtigen. Aber Sentiá, der wie gewöhnlich über das Vorhaben nicht informiert war, saß irritiert, wie versteinert da und glotzte wie ein sterbender Fisch, als er uns mit den zwei jungen Damen auf unseren Knien sah. Die dritte hatte sich an Mr. Estrutt gewandt, der ihr erklären mußte, er sei nur als Dolmetscher da und ihr Auserwählter für heute abend sei der schüchterne Herr dort in der Ecke. Sie kaschierte ihre Enttäuschung mit Bravour und warf sich auf Sentiá, der sofort aufsprang, wobei er seinen Stuhl umwarf, und ins Badezimmer floh. Das entschlossene Mädchen aber setzte einen Fuß zwischen Tür und Rahmen und rief Mr. Estrutt zu Hilfe. Er schob die Tür auf, ließ sie hineintreten und schloß hinter ihr ab.

Alles, was ich dazu noch sagen werde, ist, daß Damián und ich keinen Dolmetscher brauchten. Aber meine Güte, wie sehr sich Sentiá nachher schämte und wie wir lachten! Einer Sache konnten wir uns allerdings sicher sein: wenn er später wieder zu Hause wäre, würde er kein Wort über das Geschehene verlieren, nicht einmal im Beichtstuhl!

Die Baronin suchte uns am nächsten Morgen auf und trug dasselbe alte Lied vor, wie Gott und die Jungfrau das Recht stützen würden und wie sehr sie unsere ritterliche Verteidigung ihres katholischen Heims schätzte. Als sie dann merkte, wie verlegen Sentiá zu sein schien, legte sie ihm zum Trost eine Hand mit schwarzem Handschuh auf die Schulter: "Mein armer Junge," sagte sie, "wie sehr Sie ihre Frau vermissen müssen!"

Hier fing Sentiá Hundescheucher an, wie ein kleines Kind zu weinen. Aus Angst, er würde irgendeine dumme Bemerkung machen, sagte ich eiligst: "Ja, Mylady, der Sentiá, er vermißt seine Joana sehr, zumal er nicht so lange weg zu bleiben dachte. Er ist auch nicht er einzige von uns, der leidet. Don Damián und ich sind genauso sensibel, und nur ihrer unglücklichen Tochter zuliebe versuchen wir, unsere Traurigkeit zu überwinden."

Die Baronin versprach uns, wir würden unsere Reise nicht bereuen, und betupfte Sentiás Augen mit parfümierten, schwarzen Spitzentaschentuch. Doch selbst diese karitative Tat tröstete ihn nicht!

Zwei Tage später begann der Scheidungsprozeß. Mr. Estrutt saß neben uns im Gerichtssaal und flüsterte uns zu, wer was wäre und was passierte. Der Fuchsjäger hatte gegen das Mädchen mit den kurzen Haaren vier oder fünf Fälle von Ehebruch vorgebracht, aber Mr. Jonés und sein Heer von Anwälten suchten sich davon die zwei aus, die ihnen am leichtesten zu beweisen schienen, nämlich die Affäre in Damiáns Hotel mit dem bulgarischen Künstler, und eine frühere Affäre in Paris mit einem reichen Fabrikbesitzer aus Eschottland namens Simon Mcwilly. Da er ein verheirateter Mann war, traf es ihn wie ein Schlag, als er erfuhr, daß er in diesem Fall mitangeklagt sei. So hatte er eingewilligt, die Kosten für die Verteidigung des Mädchens mit den kurzen Haaren zu übernehmen, als ob er sich dadurch vor den Vorwürfen seiner Frau schützen könnte.

Angeblich hatte ein Beamter der britischen Botschaft Mcwilly seine Wohnung während einer kurzen Abwesenheit überlassen, und dort hatte das Mädchen mit den kurzen Haaren die Nacht mit Mcwilly verbracht. Der Beamte der Botschaft aber wollte sich dem Vorwurf, die Laster seines Freundes unterstützt zu haben, nicht stellen. Als Mr. Jonés und Mr. Estrutt ihn also aufsuchten, schickte er seine beiden Diener sogleich aufs Land, damit sie nicht aussagen könnten. Die einzige verläßliche Aussage wäre daher die des Taxifahrers, der das Paar samt Gepäck zu der Wohnung gefahren hatte. Es könnte allerdings sein, daß dies nicht ausreichen würde. Aber ein Blick auf den Kalender hatte Mr. Estrutt davon überzeugt, daß sich das Mädchen mit den kurzen Haaren noch eine weitere Nacht irgendwo in Paris aufgehalten haben muß, nachdem sie die Wohnung des Botschaftsbeamten verlassen hatte. Als wir so lange auf ihn im *Gare du Nord* warteten, war er damit beschäftigt gewesen, seine Freunde von der französischen Polizei dazu zu überreden, die Gästebücher gewisser Hotels zu überprüfen. Und siehe da, sie fanden tatsächlich ein kleines Hotel auf dem linken Ufer der Sena, wo Mr. Mcwilly sich und seine Frau an jenem Abend eingetragen hatte. Die Entschädigung, die der französische Hotelier und seine Frau für ihre Aussage verlangten, kam Mr. Jonés übertrieben vor, aber sie beharrten darauf, da dies angeblich dem Ruf ihres Hauses in puncto Diskretion schaden könne. Die Baronin war jedoch bereit, dafür fast jede erdenkliche Summe zu bezahlen, und man konnte sich einigen.

Der Fall Mcwilly war als erster dran. Am Tag vorher hatte uns einer der Anwälte seiner Majestät erklärt, welche Fragen genau er uns stellen würde und wie wir darauf antworten sollten. Unseren Part übten wir mit Hilfe eines Dolmetschers mehrere Male nacheinander ein, aber Sentía Hundescheucher erwies sich als ein so schlechter Schüler, daß der Anwalt ungeduldig ausrief: "Oh, oh, ich wage es kaum, Sie als Zeuge aufzurufen, da Sie den ganzen Fall kippen könnten. Ihre Freunde sind viel lernfähiger." Da unsere dreitausend Peseten vom Erfolg, den Richter zu überzeugen, abhingen, flehten wir Sentiá an, sich zu konzentrieren, aber er kam uns wie kopflos vor.

"Ihr werdet als nächste aufgerufen, Jungs," warnte uns Mr. Estrutt. Als der erste Zeuge erschien und seinen Eid auf der Bibel leistete, die er dann küßte, wurde Sentiá weiß wie ein Bettlaken und fing an, sich wie ein Verrückter zu bekreuzigen. Auch ich war ein wenig nervös, obwohl ich meine Rolle ziemlich perfekt beherrschte.

Kurzum, der französische Hotelier identifizierte das Mädchen mit den kurzen Haaren, die jetzt als Konkurrenz zur Baronin auch Schwarz trug, und bestätigte unter Eid, daß sie an jenem Abend in seinem Hotel den dicken, kahlköpfigen Mann, der sich als Simon Mcwilly ins Gästebuch eintrug, begleitet hatte. Ihnen wurden zwei Zimmer mit einer Verbindungstür, deren Schloß sich auf der Seite des Mädchen mit den kurzen Haaren befand, zugewiesen. Als sie selbst aussagte, gab das Mädchen mit den kurzen Haaren zu, eine Nacht im Hotel verbracht zu haben, aber sie bestritt energisch den Vorwurf des Ehebruchs. Mcwilly, sagte sie, neige zu Herzanfällen und, da sie seine einzige zuverlässige Bekannte in Paris sei, habe sie ihm zur Hilfe eilen wollen, falls er in der Nacht erkrankte. Unser Anwalt unterstellte aber, daß zwischen den beiden mit Sicherheit etwas Unanständiges stattgefunden habe. Sie spielte die Entrüstete und schrie: "Unanständig, wie lächerlich! Mr. Mcwilly ist doch ein Greis von sechzig Jahren!"

Das war ein gravierender taktischer Fehler. Unser Staatsanwalt sprach sogleich den Richter an, der eine riesige Perücke trug. (Ich habe nicht gefragt, warum). Weil er beobachtet hatte, wie der Richter sich offenbar empörte, als das Mädchen mit den kurzen Haaren andeutete, daß ein Mann mit sechzig ein völlig verbrauchter Greis sei, sagte er weise: "Mylord, ich werde keine weiteren Zeugen rufen, sondern lasse die Beweisaufnahme jetzt ruhen." Der Richter hatte nämlich nicht nur gerade seinen sechzigsten Geburtstag gefeiert, er hatte ihn sogar mit einer dritten Ehe besiegelt!

Als Mr. Estrutt diese Worte hörte, konnte er seine Freude nur mühsam zurückhalten. Er klopfte Sentiá auf die Schulter und flüsterte ihm ins Ohr: "Mein Junge, du bist gerettet!" Und Damián und mir erzählte er: "Ihr seid auch gerettet. Eure Aussagen werden überhaupt nicht gebraucht werden."

Damián verlor die Beherrschung und flüsterte laut: "Was ist mit meinen tausend Peseten? Das ist Diebstahl! Warum soll ich nicht aussagen?" Der Richter starrte Damián verärgert an und forderte Ruhe im Gerichtssaal. Mr. Estrutt flüsterte: "Du Geisteskranker, selbstverständlich wirst du bezahlt!" Daraufhin beruhigte sich Damián etwas.

Wir hörten die Urteilsbegründung des Richters an sowie seine Entscheidung, daß er der Geschichte dieser unverschämten jungen Frau keinen Glauben schenken könne. Außerdem bezweifelte er, daß überhaupt jemand von den Anwesenden ihr glauben würde. Danach lobte er unseren Anwalt für seine Zurückhaltung, da er die zweite Klage nicht vorgetragen habe. Das hätte möglicherweise die unglückliche Frau als gemeine Prostituierte dastehen lassen, weil ihr nämlich nach englischem Recht, und das möge sie sich merken, im Falle einer zweiten Verurteilung wegen Ehebruchs diese unehrenhafte Bezeichnung zukäme. Das heißt, er gab der Scheidungsklage statt und verurteilte das Mädchen mit den kurzen Haaren dazu, die gesamten Gerichtskosten zu tragen. Ihr Anwalt legte keine Berufung ein, und das war das Ende des Prozesses.

Aber damit ist meine Geschichte noch nicht ganz zu Ende. Nachdem der Richter und die illustren Zuschauer gegangen waren, blieben nur wir, der französische Hotelier mit Frau, diverse Rechtsanwälte mit ihren Mandanten, einige Ordnungskräfte, das Mädchen mit den kurzen Haaren und die Baronin im Gerichtssaal. Die Kosten des Falles wurden von Mr. Mcwillys Anwälten sofort bezahlt. Danach kam die Baronin zu uns. Ihre Augen leuchteten wie Sterne. Sie küßte jeden von uns, auch Mr. Estrutt, nacheinander auf beide Wangen und rief: "Gott und die Heilige Jungfrau haben meine Gebete erhört!"

Ich konnte nicht widerstehen, ihr zu sagen: "Herzlichste Glückwünsche, Mylady! Aber ihre arme Tochter scheint beinahe vom Elend überwältigt zu sein. Trauert sie dem bulgarischen Ketzer nach? Oder könnte es sein, daß sie fürchtet, Sie werden ihr niemals verzeihen?"

"Wie wahr, Freunde!" rief sie. "Wie dumm von mir! Ich muß sofort Frieden mit ihr schließen."

Sie eilte hinüber zum Mädchen mit den kurzen Haaren, begleitet vom allzeit neugierigen Mr. Estrutt. Er hörte, wie sie sagte, "... meine Liebe, ich muß zugeben, Sie haben tapfer gekämpft, und mir macht Ihr Elend keine Freude, da ich selbst schon einmal diesen Ärger durchstehen mußte. Was haben Sie jetzt vor?"

Das Mädchen mit den kurzen Haaren lächelte sie schwach an und erwiderte, "Woher soll ich das wissen? Ich habe alles verloren! Obwohl Mr. Mcwilly die Gerichtskosten bezahlt hat, würde seine Frau einer Scheidung niemals zustimmen, auch wenn ich ihn heiraten wollte, was ich keineswegs vorhabe. Boris ist der Mann, den ich liebe. Aber ich besitze keinen Pfennig Geld und er auch nicht."

Die Baronin küßte sie auf die Stirn. "Mein kleines Unschuldslamm," gurrte sie wie eine Taube, "Sie hätten sich niemals einen Künstler als Mann aussuchen sollen. Außerdem, finden Sie nicht auch, daß es ziemlich unklug war, den alten Richter so zu reizen? Wieviel Geld würden Sie denn brauchen, um die Welt für sich wieder ins Lot zu bringen?"

Das Mädchen mit den kurzen Haaren dachte nur einen Moment nach. Dann sagte sie langsam, "Ich fürchte, weniger als zehntausend Pfund würden mir kaum nützen. Boris und ich könnten dann vielleicht ein Geschäft damit aufmachen, denke ich."

"Lassen Sie mich zwanzigtausend daraus machen!" rief die Baronin voller Mitgefühl, packte Scheckheft und goldenen Füller aus und unterschrieb den Scheck an Ort und Stelle.

Wir Mallorquiner hatten auch etwas von ihrer Großzügigkeit, da sie jedem von uns noch tausend Peseten obendrauf legte. Sechs Monate später hörten wir, daß sie ihren Fuchsjäger geheiratet habe. Am selben Tag, aber in einer anderen Stadt, verband sich das Mädchen mit den kurzen Haaren mit dem bulgarischen Künstler. Sie kaufte eine Pension in der Nähe von San Sebastián, die sehr luxuriös und zur Zeit immer voll besetzt sei, wie uns Mr. Estrutt kürzlich per Postkarte mitteilte. Er schrieb, seine Frau habe ihn nach San Sebastián in den Urlaub begleitet, und er hätte gewünscht, Damián Frau und ich wären mit von der Partie gewesen. Er sagte nicht genau, welche seiner Frauen es war. Möglicherweise hatte er mit dem Geld, das er von der Baronin bekam, eine fünfte geheiratet, ohne uns davon zu erzählen.

Sie werden sich nun wohl fragen, wie wir es auch taten, warum die Baronin, gleich wie unvorstellbar reich sie war, soviel Geld an diesen Fall vergeudete, wenn ein Angebot von zwanzigtausend Pfund das Mädchen wahrscheinlich hätte überzeugen können, gar nicht erst vor Gericht anzutreten. Mr. Estrutt lieferte uns die Antwort, daß nämlich Mr. Jonés davon abgeraten hätte, da es einer ungesetzlichen Absprache gleichgekommen wäre und so gegen seine hohen moralischen Prinzipien verstoßen hätte. Und warum hätte er außerdem auf einen so profitablen Fall verzichten sollen?

Das Mädchen mit den kurzen Haaren war stolz darauf gewesen, ihre Spuren so sorgfältig verwischt zu haben, daß es fast unmöglich war, Beweise gegen sie zu finden. Aber sie hatte die Rechnung ohne den Detektiv gemacht, meinen außerordentlich erfahrenen und gewieften Freund, Mr. Charley Estrutt!

Die verschwundenen Chinesen

Jaume Gelabert war ein untersetzter, ungepflegter, mürrischer mallorquinischer Junge von siebzehn Jahren. Sein Vater war 1936 bei der Belagerung Madrids gefallen, da er aber auf der falschen Seite gestanden hatte, gab es weder Ruhm noch eine Rente für seine Nachkommen. Einige Jahre später verstarb auch die Mutter. Jaume bewohnte allein eine heruntergekommene Hütte in der Nähe von Muleta, unserem Dorf, wo er einige Oliventerrassen*) und einen Zitronenhain bestellte. Auf meinem Weg zum Schwimmen dreihundert Meter weiter unten bei den Felsen nahm ich eine Abkürzung über Jaumes Land und bot ihm jedes Mal, wenn wir uns zufällig begegneten, eine amerikanische Zigarette an. Er fragte dann, ob ich baden gehen wollte, woraufhin ich erwiderte: "Das hast du richtig geraten," oder: "Ja, die Ärzte meinen, es sei förderlich für meine Gesundheit." Ich erwähnte einmal zufällig, daß meine Jeans zu eng geworden seien und, statt sie wegzuwerfen, fragte ich, ob er sie vielleicht für grobe Arbeiten haben wolle. "Unter Umständen könnte ich sie gebrauchen," sagte er und betastete den dicken Stoff. Ein Dankeschön wäre dem Eingeständnis des Annehmens einer milden Gabe gleichgekommen und hätte unsere Beziehung gefährdet. Aber am nächsten Tag überreichte er mir einen Korb voller Kirschen, unter dem Vorwand, sein Baum sei übervoll damit und im Juni lohne der Verkauf von Kirschen ohnehin nicht. So wurden wir gute Nachbarn.

Das war im Juni 1952, gerade bevor Willie Fedora in Muleta ein kleines Haus mietete. Die US-Regierung zahlte

---

*) Bereits in arabischer Zeit vor allem an den Hängen der Serra Tramuntana angelegte, oft erstaunlich kleine Terrassen zur landwirtschaftlichen Nutzung auch der Küstengebirgsregion. Das Gros der Terrassen dient – teilweise jahrhundertealten – Olivenbäumen als Standort; Oliven und Olivenöl sind bis heute mallorcatypische Produkte.

Willie eine bescheidene Rente wegen einer "Angst-Neurose, die sich durch den Korea-Kriegsdienst verschlimmert hatte," was für seinen Unterhalt reichte, bis die Touristenwelle alle Preise wie eine Rakete in die Höhe schießen ließ. Ein Liter Weinbrand kostete damals nur zwölf Peseten und nicht wie jetzt sechsunddreißig, und für Weinbrand gab er das meiste Geld aus.

Zunächst wurde Willie von unserer kleinen Ausländerkolonie, die vorwiegend aus Malern bestand, akzeptiert. Hier ist es nämlich Tradition, daß die Ausländer tatsächlich arbeiten, im Gegensatz zu den teuren Ferienzentren mit leichter zugänglichen Stränden, wo man trinkt, sonnenbadet, Bridge spielt und über Eheprobleme plaudert. Wir treffen uns nur am Abend an einem Cafétisch, wenn die Post eingetroffen ist. Abgesehen von einer gelegentlichen Party oder der gemeinsamen Fahrt im gemieteten Dorfbus zum Stierkampf an dem einen oder anderen Sonntag bleibt jeder hier für sich. Dieser ungesellige Lebensstil mißfiel Willie. Er tauchte unter irgendeinem nichtigen Vorwand immer kurz nach dem Frühstück auf, wenn wir

gerade mit der Arbeit anfangen wollten, und stellte seine finanzielle Unabhängigkeit dadurch unter Beweis, daß er eine Vierliter-Bastflasche voll billigem Brandy mitbrachte, die ihm über die Schulter baumelte. Er nannte sie seinen *Samovar*. Ihm die Tür vor der Nase zuzuschlagen, wäre unhöflich gewesen, ihn aufzufordern einzutreten indessen selbstmörderisch. Normalerweise schlichen wir uns zur Hintertür hinaus und warteten, bis er wieder weg war.

Willie schrieb Theaterstücke. Besser gesagt, er arbeitete monatelang an demselben Versdrama, sprach unentwegt darüber, kam aber nicht voran. Die Hauptfigur von *Vercingetorix* (Willie selbst, verkleidet mit einer Toga) war ein Stabsoffizier Caesars während des Gallischen Krieges. Vor Beginn der täglichen Arbeit an *Vercingetorix* mußte Willie zunächst einen halben Liter Weinbrand hinunterkippen wegen der beängstigenden Last von Schuldgefühlen, die er mit sich herumschleppte und die das Thema seines Römerdramas bildeten. Anscheinend hatte ein hoher Offizier gegen Ende des Korea-Krieges Willie die Aufsicht über fünfhundert gefangene chinesische Kommunisten gegeben. Als er sie dann später ins Gefangenenlager brachte, waren es aber nur noch knapp dreihundert. Mord, Selbstmord oder Flucht konnten als Erklärung ausgeschlossen werden – und trotzdem waren sie verschwunden. "Verschwunden ohne jede Spur!" wiederholte er mit tragischer Stimme und setzte den *Samovar* an die Lippen. Die Andeutung, daß die Chinesen vielleicht nur auf dem Papier existiert hatten, da eine "3", im Eifer des Gefechtes hingekritzelt, leicht mit einer "5" zu verwechseln sei, brachte Willie in Rage. "Verdammt noch mal!" brüllte er und haute mit der Faust auf den Tisch, "ich hatte Feldrationen und Decken für fünfhundert erhalten! Wie erklärt ihr euch das, bitte schön?"

Bald hielten wir unsere Türen vor Willie verschlossen. Wir meinten, er sollte mit seinem Bühnenstück fertig werden und nicht nur darüber reden; keiner von uns fühlte sich für seine verschwundenen Chinesen verantwortlich. Aber jede Nacht suchten sie ihn in seinen Träumen heim, und sogar tagsüber sah er sie für Augenblicke hinter Bäumen oder Scheunen lauern.

Eine althergebrachte Tradition in Muleta ist die Unterstützung der katholische Missionierung Chinas. Und so gibt es einen Chinatag, an dem sich die Schulkinder die Gesichter gelb anmalen, sich Schlitzaugen machen und orientalische Kostüme anziehen, von denen niemand weiß, woher sie ursprünglich stammten. Die Sachen werden von der Mutter Oberin des Klosters aus einer großen, tiefen Kommode, die nach Mottenkugeln riecht, hervorgeholt. Die Kinder laufen mit einer Schubkarre herum und treiben eine Menge Geld ein. Wem letztendlich das Geld zugute kommt, bleibt ein Geheimnis, da (wie ich der erstaunten Mutter Oberin berichtete) seit geraumer Zeit keine ausländischen Missionare in China mehr geduldet werden.

Wie das Schicksal es nun wollte, klopften die jungen "Chinesen" eines Nachmittags ans Fenster von Willies Hütte und erschreckten ihn halb zu Tode. Er kam ins Café gestolpert und zerschmetterte versehentlich dabei seinen Samovar an einem Weinfaß, bevor er auf der Terrasse zusammenbrach. Nachdem er sich erholt hatte, empfahlen wir ihm einen Arzt in Palma. Er aber stöhnte nur: “Laßt mich in Ruhe! Mit euch bin ich fertig! Von jetzt an werde ich wie ein Einheimischer leben.”

Das tat er dann auch. Ganz Muleta staunte nicht schlecht, als er und Jaume Freundschaft schlossen. Jaume, der als Sohn eines Roten bereits genug gebrandmarkt war, erwarb sich zusätzlich den Ruf eines Rowdies bei der Feier zu Ehren von San Pedro in jenem Jahr. Der scharfzüngige Sohn des Bürgermeisters, Motorradfahrer und Anführer der *atlotes,* der Halbstarken des Dorfes, suchte sich Jaume als Opfer aus. “Wen haben wir denn da? Ist das nicht der Herr über La Coma!” spottete Paco. Jaume wurde blaß: “*Herr über La Coma* solltest du lieber nicht sagen, Paco, du großmäuliger Hurenbock! Dein Onkel hat meine verwitwete Mutter um ihren Anteil an La Coma betrogen, und das wußten alle im Dorf, auch wenn sie zu feige waren, um etwas dagegen zu unternehmen.” Paco improvisierte daraufhin ein *copeo,* ein satirisches Lied von der Sorte, wie sie am San-Pedro-Tag gepflegt wird:

Der Herr über La Coma ist ein seltsamer Wicht.
Er ißt keine Krebse und wäscht sich nie das Gesicht.

Eine Gruppe von Halbstarken nahm den Refrain auf und tanzte im Kreis um Jaume herum.

Ho ho, so ist es, jawohl, genau so:
Er ißt keine Krebse und wäscht sich nie das Gesicht.

Jaume brach eine Latte aus dem Zaun des Bäckers und lief damit Amok. Er schlug Paco und einige andere *atlotes* nieder, ehe die *Guardias Civiles* ihn entwaffnen konnten und ohne Federlesens ins Gefängnis warfen. Der Amtsrichter, Pacos Vater, gab Jaume eine strenge Verwarnung und ließ ihn auf Bewährung laufen. Kein anständiger Mann in Muleta wendet je Gewalt an: Streit wird entweder mit Worten oder mit Geld ausgetragen.

Aus den zwei Geächteten wurden so enge Freunde, daß wir keine weitere Verantwortung mehr für Willies Gesundheit übernehmen mußten. Er nahm sich vor, von Jaume *Mallorquín* zu lernen. Diese alte Sprache, dem Provençalischen nicht unähnlich, ist die Volkssprache der Insel, obwohl die Regierung das nicht gerne sieht.*) Willie hatte ein Talent für Sprachen und plapperte innerhalb von drei Monaten fließend *Mallorquín*. Er war übrigens der einzige Ausländer Muletas, der diese Leistung vollbrachte (außer meinen Kindern, die dort zur Schule gingen). Aus Dankbarkeit bestand er darauf, Jaume das Schreiben von Theaterstükken beizubringen, da er an seiner Universität im mittleren Westen Amerikas eben dieses Fach studiert hatte. Solange legte er *Vercingetorix* beiseite. Im Frühling beendete Jaume sein erstes Stück, *Die nachsichtige Mutter*, eine mallorquinische Komödie, die auf dem Leben seiner Großtante Catalina basierte. Als Gegenleistung brachte er Willie dazu, vernünftige Nahrung wie Bohnenbrei und *pa amb oli***) zu sich zu nehmen und mehr Rotwein als Weinbrand zu trinken. Willies Geschichte von den verschwundenen Chinesen stellte Jaume nicht in Frage, vielmehr behauptete er, die Verantwortung für fünfhundert Gefangene sei zu groß gewesen für einen so jungen Soldaten wie Willie, und daher habe der allwissende Herrgott ein Wunder bewirkt, um ihre Anzahl zu reduzieren. "Nehmen wir an, man würde mir fünfhundert Schafe geben!" sagte er. "Wie würde ich alleine damit zurechtkommen? Einhundert, ja; auch zweihundert, vielleicht sogar dreihundert, aber fünfhundert wären einfach zuviel."

---

*) Die Verwendung des *Mallorquín* war während der Franco-Ära (1936-1975) öffentlich verboten und auf den privaten Bereich beschränkt.

**) siehe Fußnote auf Seite 26

“Ja, aber wenn das so ist, wieso plagen mich dann diese gelben Teufel immerzu?”

“Weil sie Heiden und Gotteslästerer sind! Beachte sie nicht weiter! Und wenn sie dich doch einmal belästigen, dann ist es besser zu essen als zu trinken!”

Im Jahre 1953 erlitt Muleta eine Finanzkrise: Schlechtes Wetter ruinierte die Olivenernte, vernichtete die Obstblüte und führte zu Erdrutschen an den Terrassenhängen. Obendrein leistete sich Dom Enrique, unser Gemeindepfarrer, einen neuen Altar und die aufwendige Renovierung seiner Kanzel, aber auf Kosten des Kirchendaches, und eines Nachts stürzte ein Teil davon ein. Daraus folgte unter anderem, daß das Dorf kein Geld mehr hatte, um die Theatertruppe aus Palma für ihre traditionelle Aufführung am San-Pedro-Tag anzuheuern. Aber Dom Enrique hörte von Jaumes Bühnenstück, las es und bot an, die Rollen mit Mädchen der *Acción Católica* und deren *novios* (Verlobten) zu besetzen, falls Willie die Bühnenregie übernehmen und Jaume den Gewinn dem Kirchendachfonds zukommen lassen würde.

Natürlich traf dieses Vorhaben auf erheblichen Widerstand bei den Dorfältesten: Willie und Jaume, auch genannt *Don Coñac* bzw. *Der rote Randalierer**), schienen als Theatermacher denkbar ungeeignet. Dom Enrique jedoch hatte ein gewisses Verständnis für Jaumes Zweckentfremdung der Zaunlatte gehegt, und außerdem bemerkte er den verbesserten Zustand von Willies Gesundheit unter Jaumes Fürsorge. Er hielt eine feurige Predigt gegen die Selbstgerechten und die Hartherzigen, und, nachdem er seinen Willen bekommen hatte, gab er schlauerweise Paco die wichtige Rolle des “ersten Jünglings”.

---

*) Zu Verwendung und Vererbungg (!) von Spitznamen auf Mallorca siehe die Geschichte *Die Baronin und das Mädchen mit den kurzen Haaren* auf Seite 29, 2. Absatz.

Nichtsdestotrotz, um jeden möglichen Skandal zu vermeiden, erließ Dom Enrique strikte Verhaltensregeln für die Proben: die Mütter der Mädchen müßten entweder in Person anwesend sein oder Vertreterinnen schicken. Er selbst würde immer zugegen sein.

Die nachsichtige Mutter vereinte das Lächerliche mit dem Pathetischen, wie Menander, Terenz, Plautus und andere Meister der Antike es in ihren Werken bereits vorher getan hatten, und erzielte einen uneingeschränkten Erfolg. Doch keine Anstrengung von Willie oder Dom Enrique, die zusammen als Regisseure agierten, konnte die Schauspieler davon abhalten, dem Publikum den Rücken zuzukehren, zu husten, zu nuscheln oder übertrieben zu spielen, ihre Einsätze zu verpassen oder mittendrin an dramatischen Stellen verlegen zu kichern. Trotz alledem flossen dem Kirchendachfonds tausendfünfhundert Peseten zu; weitere achthundert Peseten erbrachte die Verlosung einer deutschen Armbanduhr, die zwei Jahre zuvor am Strand gefunden worden war. Die *Baleares* druckte einen Artikel über den bemerkenswerten jungen Bühnenautor, Don Jaime Gelabert, mit der Überschrift: "Feierliche Gemeindemesse zu Muleta, Grandioses Volksfest." Paco und seine *novia,* die Hauptdarstellerin, wurden ebenfalls gebührend gewürdigt.

Willie, der leider in den *Baleares* als *"Don Guillermo Coñac,* der Theaterdichter aus Übersee" tituliert wurde, feierte Jaumes Debüt etwas zu ausgiebig und sang Neger-Spirituals in den Straßen des Dorfes bis tief in die Nacht. Als er schließlich nicht mehr bei Bewußtsein war, zogen ihn Paco und die anderen *atlotes* aus und legten ihn, mit dem *Samovar* unter dem Kopf, nackt auf einen Grabstein im Kirchhof. Dort wurde er von einer Gruppe schwarz verschleierter alter *beatas,* frommer Frauen, auf ihrem Weg zur Frühmesse gefunden – ein unerhörter Skandal! Jaume selbst war schnurstracks nach Hause gegangen, nachdem der Vorhang gefallen war, um so den Gratulationen zu entgehen. Am Morgen aber konnte er sich aus dem Dorftratsch die Geschichte zusammenreimen, erwischte Paco vor dem Café und schmiß ihn in den Torrent*), wo er sich ein Fußgelenk brach. Dieses Mal wäre Jaume wegen versuchten Totschlags in der Hauptstadt angeklagt worden, hätte Willie nicht interveniert. "Eine Bestrafung Jaumes," warnte er den Bürgermeister, "wird mich zwingen, eine Klage gegen Ihren Sohn einzureichen. Ich habe Zeugen für sein zügelloses Benehmen und genieße außerdem die Unterstützung der Regierung der Vereinigten Staaten von Amerika." Jaume und ich erhielten unsere guten Beziehungen zueinander aufrecht. Ich sagte ihm: "Jaume, meiner Meinung nach hast du richtig gehandelt. Kein wahrer Freund hätte sich angesichts solcher Provokationen anders verhalten."

Winter und Frühling gingen in Windeseile vorüber, und ein weiterer San-Pedro-Tag stand ins Haus. Willie suchte Dom Enrique auf und bot an, die Regie von Jaumes neuem Stück *Der schwierige Ehemann* zu übernehmen. Er war zwar nicht betrunken, aber doch etwas angeheitert, so daß es nicht weiter verwunderte, daß Dom Enrique sich herausredete, als Willie auch noch verkündete, diese Komödie weise Qualitäten auf, die sie eines Tages weltberühmt machen würden. Dom Enrique behauptete, eine kürzlich verstorbene Witwe, die Dame von La Coma, hätte der Kirche ein kleines Vermögen vermacht, und die Gemeinde erwarte nun von ihm, daß es dazu verwendet würde, wie früher die Theatertruppe aus Palma zu engagieren.

Eine schlechte Nachricht kommt selten allein. Jaume war für den Wehrdienst fällig und hatte immer damit gerechnet, einer Luftabwehreinheit, die in nur drei Kilometer Entfernung stationiert war, zugeteilt zu werden, von wo er

---

*) Trockenfluß, der nur nach starken Regengüssen Wasser führt. Auf Mallorca gibt es keine "richtigen" Flüsse, sondern nur *Torrents*.

häufig auf Urlaub hätte heimkehren können. Tatsächlich hatte deren Kommandant ihm versprochen, die Sache so zu regeln. Aber irgend etwas ging schief (vielleicht hatte Pacos Vater dem Hauptmann etwas zugeflüstert), und Jaume wurde nach Spanisch-Marokko*) geordert.

Mit Tränen in den Augen versprach Willie, den Zitronenhain zu wässern, um die Olivenbäume herum zu pflügen, die Bohnen bei entsprechendem Wetter zu pflanzen und geduldig auf Jaumes Rückkehr zu warten. Aber die zweihundert Phantom-Chinesen nutzten seine Einsamkeit aus und schlichen sich durch die Bäume heran und rüttelten am Küchenfenster. Willies *Samovar* füllte und leerte sich vier- oder fünfmal die Woche, er vernachlässigte den Zitronenhain, aß unregelmäßig und hielt die Tür der Hütte vor allen Besuchern fest verschlossen mit der Begründung, er müsse dringend die englische Übersetzung des *Schwierigen Ehemannes* fertigstellen. Eines Morgens traf ich ihn im Hause des Postmeisters, als er ein Paket nach Amerika aufgab. Er sah so abgemagert und verwirrt aus, daß ich bei nächster Gelegenheit den Bürgermeister bat, etwas zu unternehmen. "Was aber soll ich Ihrer Meinung nach machen?" entgegnete dieser. "Er tut nichts Gesetzwidriges. Und wenn er krank ist, soll er zum Arzt gehen!" Am Nachmittag desselben Tages beobachtete Willie, wie Toni Coll unterhalb seiner Hütte eine Müllgrube aushob. In der Überzeugung, sie sei als Grab für ihn bestimmt, suchte Willie Zuflucht auf der Orgelempore in der Kirche, betrank sich bis zur Besinnungslosigkeit und wurde erst vierundzwanzig Stunden später dort entdeckt. Dom Enrique und seine Mutter brachten ihn zum Pfarrhaus, wo sie ihn pflegten, bis das US-Konsulat seine Rückkehr in die USA arrangieren konnte. In New York wurde er von einem Veteranenkomitee empfangen und ins Militärkrankenhaus von

*) Spanisches Protektorat 1912-1956 in Nord-Marokko.

Pittsburgh eingewiesen. Am Neujahrstag 1955 fiel er aus einem Fenster, zweifellos von seinen unerbittlichen Chinesen verfolgt, und brach sich das Genick. Es tat mir sehr leid um ihn.

Wenn Muleta nun aber dachte, es würde nichts mehr von Jaumes Komödie hören, war das ein Irrtum. Zwei Jahre später, kurz bevor die Raketen zu Ehren San Pedros gen Himmel zischen sollten, zog mich Mercurio, unser Postmeister, der auch als Telegraphist fungiert, zur Seite. "Don Roberto," sagte er, "ich habe hier ein Telegramm aus New York für einen gewissen William Schenectady. Ist der Ihnen zufällig bekannt? Es kam vor drei Tagen, und keiner Ihrer Freunde kann sich an den Namen erinnern. Handelt es sich vielleicht um einen Urlauber auf der Durchreise?"

"Nein, es ist für unseren unglücklichen *Don Coñac,*" antwortete ich. In Spanien ist der mittlere Name der eigentliche Nachname, da er der Name des Vaters ist, und in Willies Paß stand "William Schenectady Fedora".

"Eine traurige Geschichte," seufzte Mercurio. "Wie sollen Telegramme den Toten von Nutzen sein, wenn diese nicht mal eine Quittung dafür unterschreiben können? Außerdem können sie auch nicht nachgeschickt werden ... ."

"Unterschreiben kann ich ja, falls das deine einzige Sorge ist," sagte ich, "wahrscheinlich enthält es nur Glückwünsche zu seinem Geburtstag von einer alten Tante, die von seinem Schicksal nichts weiß. Wenn dem so ist, dann werde ich das Telegramm einfach zerreißen.

Nach den Feierlichkeiten erinnerte ich mich wieder an die Nachricht, die folgendermaßen lautete:

WILLIAM SCHENECTADY FEDORA: MULETA: MALLORCA: SPANIEN

WUNDERBAR BRAVO BRAVO BRAVO STOP SCHWIERIGER EHEMAN PHÄNOMENAL GENAU DER RENER FÜR BRODWAY MITT NEUMANN ALS

REGISSEUR HARPVICKE ALS STAR STOP VERTRAG UNTERWEGS MIT LUFTPOST STOP SCLAG VOR PERSÖNLCIHER BESUCH NACHER SCHNELLSTENS BITT UM ANTWORD STOP FREUNDLICHE GRÜSSEN

EVERETT SAMSTAG EMPIRE STAT ENTERPRISES NEW YORK

Ich überlegte. Mein Nachbar Len Simkin sprach unentwegt vom Broadway-Produzenten Sammy Samstag und hatte Willie sogar versprochen, ihm *Vercingetorix* zu empfehlen. Aber dieses Telegramm kam mir nicht wie ein Scherz vor. Wer würde zehn Dollar vergeuden, um einen Toten zu veralbern? Andererseits, wenn es kein Scherz war, wieso hatte Samstag keinen bezahlten Antwortgutschein mitgeschickt?

Ich befragte Mercurio, der zugab, daß der besagte Gutschein in der Tat dem Telegramm für *Don Coñac* beigelegen hatte. "Da aber *Don Coñac* nicht mehr unter uns weilt, könnte es vielleicht sein, daß ein anderer Ausländer mit Hilfe dieses Kupons ein Telegramm verschicken möchte?"

Also schickte ich ein Telegramm an Samstag:

FINDE IHR INTERESSE INTERESSANT STOP WERDE AUTOR DES SCHWIERIGEN EHEMANNS DER ZUR ZEIT AUF SAFARI EMPFEHLEN OPTION ZU GEWÄHREN FALLS IHR FINANZIELLES ANGEBOT IN EINKLANG STEHT MIT IHREM DREIFACHEN BRAVO STOP GRUESSE

Es hätte den Rahmen des Antwortgutscheins gesprengt zu erklären, daß Willie nicht mehr zur Verfügung stand. Da die Aufgabe, Jaume zu beschützen, jetzt mir oblag, unterschrieb ich mit "Fedora". "Zur Zeit auf Safari" bedeutete in der Telegrammsprache "schleppt sein Gewehr momentan durch Nordafrika, wird aber nächste Woche wieder zu Hause sein," hörte sich jedoch edler an.

Im Café traf ich auf Len, einen Mann von undefinierbarem Alter, der abstrakte Mobiles herstellte. Er hatte einmal eine zwar sehr kleine Rolle in einer Off-Broadway-Aufführung eines Bühnenstückes gehabt, war aber immerhin Muletas einzige Verbindung mit der bunten Welt des Showbusiness. "Schade, daß der arme Willie tot ist," sagte ich zu Len, nachdem er mit seiner vernichtenden Kritik an der Aufführung der Theatertruppe aus Palma vom Vorabend fertig war. "Er hätte dir vielleicht eine Rolle in diesem neuen Broadway-Stück verschafft. Willie hat immer deine Vortragsweise bewundert."

"Soll das ein Witz sein?" schimpfte Len. "Dieser Verrückte ging mir ziemlich auf die Nerven. Einer von diesen kreativen Künstlern, die nichts als Chaos schaffen. Einige Schlucke aus seinem alten Samovar, und auch ich fing an, die verdammten Chinesen zu sehen! Ich hoffe, sie sind mit in seinen Sarg hineingekrochen und haben den Deckel fest hinter sich zugemacht." "Wenn du so auf meine Sensationsmeldung reagierst, bekommst du nicht einmal eine stumme Rolle!" "Ich verstehe immer noch nicht ... ." "Das wirst du aber ... , spätestens sobald Sammy Samstag hier mit einer Riesenschachtel Havannazigarren auftaucht und du in der Ecke sitzt und deine ekligen *Peninsulares* weiter qualmen mußt."

"Mit Neumann als Regisseur und Harwicke in der Hauptrolle als *Vercingetorix*?"

"Nein, es handelt sich nicht um *Vercingetorix,* sondern um *Der schwierige Ehemann*. Sonst aber hattest du mit allem recht."

"Sie halten sich wohl für besonders witzig, nicht wahr, mein Herr?" Len ging zornig ab, drehte sich aber noch einmal um und gab mir einen treffenden Spruch mit auf den Weg. "Ich finde, Witze über tote Amerikaner verbreiten einen üblen Geruch!"

Jaume sah noch größer und trauriger denn ja aus, als er dem Bus der Linie Palma–Muleta entstieg. Es wartete kein roter Teppich auf ihn. Am Abend ging ich zu seiner Hütte, wo ich ihn alleine vorfand, wie er sich über dem Holzfeuer ein Mal aus Blutwurst*) und Bohnen bereitete. Ich nahm seine Einladung zum Essen an. Er bat mich um Einzelheiten über Willies Tod und weinte, als er vom offenen Fenster hörte.

"Er war wie ein Bruder zu mir," klagte er, "so großzügig und so rücksichtsvoll! Da er aber auch dieses kleine Grundstück nicht hätte alleine bewältigen können, hatte ich Toni Coll gebeten, nach den Bäumen zu sehen und die Zitronen- und Olivenernte mit mir zu teilen. Er hat mir gerade zweitausend Peseten ausgezahlt. Wir sind zwar nicht das, was man Freunde nennt, aber er hätte im Dorf sein Gesicht verloren, wenn er mein Land vernachlässigt hätte, während ich beim Militär war. Er hat sogar die Terrasse repariert, die schon vor meiner Abreise nicht in Ordnung war.

---

*) Typische, sehr fette mallorquinische Wurst, die *Butifara*.

Ich hatte eine Flasche Binissalem Rotwein mitgebracht, um das Telegramm von Samstag zu feiern.

"Der arme Willie hätte sich riesig gefreut," seufzte Jaume, nachdem ich es ihm vorgelesen hatte. "Und wie er getrunken und gesungen hätte! Aber jetzt ist es zu spät. Willie wollte immer, daß ich den Erfolg genießen könnte, der ihm wegen seiner Schwächen versagt geblieben war."

"Möge er in Frieden ruhen!"

Nach einer Pause fuhr Jaume fort: "Ich hatte keinen Ehrgeiz, was das Theater anbelangt. Es war Willie, der mich zwang, erst *Die nachsichtige Mutter* und dann *Der schwierige Ehemann* zu schreiben."

"Hast du lange dafür gebraucht?"

"Für *Die nachsichtige Mutter,* ja. Für das zweite mußte ich mich nicht besonders anstrengen. Es war sozusagen ein Geschenk."

"Trotzdem findet Señor Samstag, der ein wichtiger Mann ist, das Ergebnis hervorragend, was eine großartige Leistung bedeutet. Du hast doch eine Kopie des Stücks, oder?"

"Nur auf *mallorquín.*"

"Jaume, weißt du eigentlich, was es bedeutet, wenn *Der schwierige Ehemann* am Broadway aufgeführt wird?"

"Würden die mich dafür bezahlen?"

"Dich bezahlen!? Hör mal zu, Mann. Bei, sagen wir, fünf Prozent der Bruttoeinnahmen, die sich vielleicht auf fünfzigtausend Dollar in einer Woche belaufen würden, und bei einer Laufzeit von ein paar Jahren würden das ..., laß' mich rechnen, ... so um die zweihundertfünfzigtausend Dollar sein."

"Das sagt mir gar nichts. Wie viele Dollar gehen auf eine Peseta?"

"Nun, ... wenn alles gut läuft, könntest du zwölf Millionen

Peseten verdienen. Sogar bei einem Flop wären es zweihunderttausend, die Señor Samstag dir für die Aufführungsrechte geben müßte!"

"Dieses Gerede von den Millionen macht mich ganz irre. Ich hätte wohl fünfhundert Peseten dafür genommen."

"Aber du wirst auch zwölf Millionen akzeptieren, oder?"

"Sind diese Leute denn verrückt?"

"Nein, es sind clevere Geschäftsleute."

"Machen Sie sich über mich lustig, Don Roberto?"

"Nicht im geringsten."

"Aber mit Sicherheit übertreiben Sie. Ich möchte nur wissen, ob dieses Telegramm mir helfen wird, einen Esel und neue Ziegeln für mein Dach zu kaufen."

"Das kann ich dir versprechen, du wirst dich vor lauter Eseln nicht retten können!"

Zwei Tage später kam der an Willie adressierte Vertrag. Auf seinen dreißig Seiten waren alle möglichen Varianten des Betruges oder der Täuschung von und an Autor und Produzent beschrieben, wie sie die wachsame Vereinigung der Dramatiker in der Amerikanischen Autorengewerkschaft zusammengestellt hatte. Solche Nebensächlichkeiten wie "Tourneerechte zweiter Klasse", Bearbeitungen für Boulevardzeitungen und für Konzerttourneen, Aufführungen in fremden Sprachen und auch der Verkauf von Puppen oder anderer Spielsachen, die sich auf Figuren des Bühnenstücks bezogen, waren dort gelistet ... .

Als ich am Nachmittag auf der Terrasse des Cafés das Dokument durchblätterte, kam Len dazu. "Da ist ein Mann bei mir zu Hause," sagte er außer Atem, "der heißt Bill Truscott, und er behauptet, Willies Agent zu sein. Wir waren Kommilitonen an der Columbia Universität. Netter Kerl übrigens ... , schien ein bißchen irritiert zu sein, hier keinen Willie vorzufinden. Könnte es vielleicht sein, daß das, was du mir vor ein paar Tage über diese Broadwayshow erzähltest, kein Scherz war?"

"Ich mache nie Scherze. Habe keinen Sinn für Humor."

"Tatsächlich? Wie dem auch sei, ich habe Bill erzählt, du könntest ihm eventuell helfen. Komm mit!"

Bill Truscott, ein hagerer Herr aus Boston, begrüßte uns überschwenglich: "Ich habe den *Schwierigen Ehemann* vor zehn Tagen an Samstags Büro geschickt, und jemand, der dort für mich spioniert, berichtete, der alte Gauner versuche, mich zu umgehen. Er mag keine Agenten, nimmt lieber die direkte Route. Aber mal ehrlich: Ist Fedora wirklich tot? Mein Spion schwört, er habe Mr. Samstag von hier aus ein Telegramm geschickt."

"Stimmt. Er ist tot. Aber er versprach, Samstag zu treffen, um mit ihm dieses Dokument (ich klopfte sachte auf den Vertrag) zu diskutieren. Vielleicht sollten Sie mal einen Blick drauf werfen! Sagen Sie mir, sprechen Sie Spanisch? Jaume Gelabert kann weder Englisch noch Französisch."

"Gelabert? Wer ist denn das? Den Namen habe ich noch nie gehört."

"Der Autor von *Der schwierigen Ehemann*, Fedora war nur der Übersetzer."

"Nur der Übersetzer. Sind Sie sich da ganz sicher? Wie ärgerlich! Das ändert alles. Ich dachte, es wäre Fedoras eigene Arbeit. Was für ein Typ ist dieser Gelabert? Irgendwelche früheren Bühnenerfolge?"

"Seine *Nachsichtige Mutter* war ein Hit," sagte ich und stieß Len unter dem Tisch an. "Er ist eine einfache Seele, man könnte ihn fast einen Einsiedler nennen."

"Wissen Sie, ob es zwischen Fedora und Gelabert irgendwelche Abmachungen bezüglich einer Bezahlung für die Übersetzung gab?"

“Ich kann mir nicht vorstellen, daß sie irgend etwas abgemacht haben. Fedora war Trinker und hat die Übersetzung als Dank an Gelabert angefertigt, der sich um ihn kümmerte ... . Machen Sie sich Sorgen um Ihre Provision?”

“Und ob! Aber Gelabert wird einen Agenten brauchen, und Fedora hat doch letztendlich das Manuskript an mein Büro geschickt. Len wird mir beistehen, oder, Len?

“Mit Sicherheit wird er das, Mr.Truscott,” sagte ich, “und Sie werden ihm beistehen. Len braucht jemanden, der ihm beisteht.”

“Ich gehe vor Ihnen auf die Knie, Don Roberto,” wimmerte Len, und spielte den Unterwürfigen. Ich ließ ihn ein Weilchen kriechen und fragte Truscott: “Aber Fedora hat doch sicherlich in dem Anschreiben erwähnt, daß Gelabert der Autor war, oder etwa nicht?”

“Ich kann mich entsinnen, daß er ein Genie hier am Ort erwähnte, das ihn vor einigen Chinesen verteidigt hätte und jetzt gegen die Mauren ins Feld zöge, während Willie selbst die Zitronenhaine bewachte. Und ob ich Samstag das beigefügte Theaterstück empfehlen könnte. Mehr stand da aber nicht drin, außer ein paar Sätzen in einer merkwürdigen Sprache, die fast nur aus Xen und Ys bestand.”

“Ich gehe wohl recht in der Annahme, daß dieser Brief verlorengegangen ist?”

Truscott nickte bedauernd.

“Das heißt, Sie können nicht einmal nachweisen, daß Sie Fedoras, geschweige denn Gelaberts Agent sind, oder?”

Keine Antwort. Ich steckte den Vertrag in eine Tasche und ließ mir sehr viel Zeit, um eine Zigarette zu drehen. Nach eine Weile sagte ich: “Könnte sein, daß Gelabert Sie zu seinem Agenten ernennen würde. Aber mit ihm ist es nicht immer gut Kirschen essen. Am besten überlassen Sie mir die Verhandlungen.”

“Das ist nett von Ihnen … . Ich weiß das zu schätzen. Ich nehme an, Sie haben ein Exemplar von *Der schwierige Ehemann* gesehen?”

“Noch nicht.”

“Da haben wir etwas gemeinsam. Hören Sie: nachdem ich den verrückten Brief von Fedora gelesen hatte, schmiß ich das ungelesene Manuskript meiner Sekretärin Ethel May auf den Tisch, die zwar vielleicht die dümmste Bürohilfe in der ganzen 38. Straße war, dafür aber schöne Beine hatte und ordnungsgemäß arbeitete. Sie haßte es, etwas wegzuwerfen, sogar Spendenaufrufe, und archivierte den Brief unter “Eventuell für Mr. Samstag.” Dann heiratete sie und kündigte. Ich bekam die Grippe, und am selben Abend rief Sam mich an, weil er dringend ein Manuskript von einem meiner bekannten Autoren benötigte. Ich rief Ethel Mays Nachfolgerin vom Krankenbett aus an und krächzte heiser: “Schicken Sie das Samstag-Manuskript sofort per Sonderkurier ab!” Das arme, kleine Ding traute sich nicht, mir zu gestehen, daß sie nicht die leiseste Ahnung hatte, wovon ich sprach. Sie zwitscherte: “Mach ich, Chef!” und durchsuchte die Ablage. Wie das Leben so spielt, war das verlangte Manuskript noch in meiner Aktentasche (die Grippe hatte mein Gedächtnis angegriffen!), und bei ihrer Suche fiel der Kleinen das Manuskript des *Schwierigen Ehemann* in die Hände, das sie Sam dann prompt zuschickte. Ein wahrer Geniestreich, der eine Gehaltserhöhung wert ist! Sam aber nimmt es mit der Ehrlichkeit nicht so genau: er umging mein Büro und telegraphierte direkt an den verblichenen Fedora, in der Hoffnung, der würde sofort unterschreiben, ohne zunächst meinen Expertenrat einzuholen über zweifellos einen der hinterhältigsten Verträge, die es je gegeben hat. So ein verdammtes Schlitzohr!”

“Ja,” sagte ich, “wenn Fedora der Autor w ä r e und wenn Sie sein Agent w ä r e n, dann könnten Sie sich mit Recht beschweren! Aber wenn wir den nackten Tatsachen ins Gesicht sehen, dann haben Sie überhaupt keinen Anspruch. Also, regen Sie sich lieber ab. Wie wäre es, wenn wir Gelabert aufsuchen? Zumindest springt ein Abendessen dabei heraus."

Die Nacht war windig, und den ganzen Tag über hatte es immer wieder geregnet, was für die Jahreszeit ungewöhnlich war. Der matschige Lehmboden auf dem ohnehin schon schwierigen Weg zu Jaumes Hütte war mit Pfützen übersät, und das Wasser fiel in Schauern von den Bäumen. Ich hatte Truscott eine meiner Taschenlampen geliehen, aber er stolperte zweimal über Wurzeln von Olivenbäumen und fiel, so daß er ziemlich erbärmlich aussah, als wir bei der Hütte (bestehend aus Küche, Stall, Brunnen und Schlafzimmer) ankamen. Ich beschrieb Jaume kurz die Situation, und bald teilten wir sein *pa amb oli* mit ihm: in ungefiltertes Olivenöl getunkte Brotscheiben, die mit einer halben Tomate gerieben und mit Salz bestreut werden. Rohe Zwiebeln, bittere Oliven und ein Glas Rotwein dazu machten das Mahl perfekt. *Pa amb oli* war eine kleine Herausforderung für Truscott, aber er bestand die Prüfung, wenngleich er auch etwas Öl auf seine schlammbedeckte Hosen kleckerte.

Er bat mich, Jaume sein Kompliment auszurichten, für seinen gemütlichen kleinen Schuppen. "Und sagen Sie ihm, daß ich ihn beneide und wir Stadtmenschen oft vergessen, wie echt das unverfälschte, natürliche Leben sein kann!" Dann kam er zum Geschäft. "Bitte sagen Sie unserem Gastgeber, daß er nichts weiter als einen Basisvertrag erhalten hat. Die Höhe der Vorauszahlung überrascht mich sehr: dreitausend für seine Unterschrift und zweitausend bei der ersten Aufführung! Das zeigt mir, daß Sam glaubt, hier etwas Gutes in Händen zu haben. Nichtsdestotrotz, meine jahrelangen Erfahrungen als Theateragent sagen mir, daß wir erheblich mehr aus ihm herausquetschen können, und daß er sich auf viele Sondervereinbarungen einlassen wird. Fedora ist tot, sonst könnten wir ihn in als Autor in den Vertrag einsetzen: Im Unterschied zu Gelabert war er ein im Ausland ansässiger US-Bürger und brauchte daher keine Steuern zu zahlen. Vielleicht können wir das trotzdem noch so hinbiegen ... ."

"Was sagt er?" fragte Jaume.

"Er möchte als dein Agent fungieren, wenn du mit Señor Samstag zu tun hast, dem er nicht traut. Der Rest, von dem, was er gesagt hat, ist unwichtig."

"Warum sollte ich diesem Herrn mehr Vertrauen schenken als er dem anderen ?"

"Weil Willie den Señor Truscott als seinen Agenten ausgesucht hat und Samstag das Bühnenstück von ihm hatte."

Jaume reichte Truscott feierlich seine Hand.

"Sie waren Willies Freund?" fragte er. Ich übersetzte.

"Er war ein geschätzter Klient von mir." Aber als Truscott einen Agentenvertrag aus seiner Aktentasche hervorholte, warf ich Jaume einen warnenden Blick zu.

Jaume nickte. "Ich unterschreibe nur das, was ich lesen und verstehen kann," sagte er. "Meine arme Mutter verlor ihren Erbanteil an La Coma, weil sie einem Anwalt traute, der ihr komplizierte Wörter an den Kopf warf. Gehen wir zu einem zuverlässigen Notar in der Hauptstadt."

Truscott warf ein: "Ich werde Gelabert nicht vertreten, solange meine Provision nicht gesichert ist."

"Hören Sie damit auf!" fuhr ich ihn an. "Sie haben es hier mit einem Bauernjungen zu tun, der weder mit Zuckerbrot noch mit Peitsche unter Druck gesetzt werden kann."

Von Samstag kam ein Telegramm, in dem er ankündigte, er werde am nächsten Tag mit Swissair eintreffen. Mercurio fragte Len, der zufälligerweise bei ihm war, warum so viele verschwenderische Telegramme hin- und herflögen.

Len antwortete: "Die bedeuten unvorstellbaren Reichtum für den jungen Gelabert. Seine Komödie, die vor zwei Jahren von Dom Enrique abgelehnt wurde, soll in New York aufgeführt werden."

"Es überrascht mich nicht, daß das moralische Niveau hier höher als in New York ist," stellte Mercurio fest. "Aber Dollars sind immerhin Dollars, und laß` das Bühnenstück von Jaume auch noch so schlecht sein, er ist der derjenige, der zuletzt lacht."

Len kam mit dem Telegramm zu mir nach Hause, wo er mich in Verlegenheit brachte, als er eine alte Schuld von zweihundert Peseten, die ich vergessen hatte, beglich, in der Hoffnung, ich würde ihm eine Broadway-Rolle zukommen lassen können. "Ich brauche nicht viel ... , nur eine klitzekleine Rolle," bettelte er.

Wozu seine Hoffnungen zunichte machen? Ich stopfte die zweihundert Peseten in meine Hosentasche und meinte, sein Freund Bill würde ihn Mr. Samstag mit Sicherheit empfehlen.

Die Nachricht von Jaumes Glück lief zwei- oder dreimal durch das ganze Dorf und gewann jedesmal an Farbe. In der Endversion war Samstag ein venezolanischer Cousin zweiten Grades, der Jaume zu seinem Erben ernannte, nachdem er den Bericht in den *Baleares* über *Die nachsichtige Mutter* gelesen hatte. Ich riet Jaume, nichts mehr zu sagen, als daß er sich das Angebot aus Amerika gut überlege: es könne sich immer noch als unannehmbar erweisen.

Truscott und ich erwarteten Samstags Ankunft am Flughafen von Palma. Als er Truscott in der Menge sah, lief er an dem *Guardia Civil,* der die Neuankömmlinge durch den Zoll lenkte, vorbei und grabschte nach Bills Hand. "Mein Gott, Junge!" rief er, "Bin ich froh, dich zu sehen. So löst sich das große Rätsel! Das anonyme Paket kam also von dir!"

"Jawohl, Sammy," sagte Truscott, "und, wie alle Sendungen, die ich dir je geschickt habe, hatte auch diese meinen Absenderstempel mehrfach darauf."

"Nun ja, meine Sekretärin dachte, es käme in der Tat von dir und rief dich sofort an, aber du warst krank und so ..."

Hier nahm der *Guardia Civil* sein Gewehr von der Schulter und bugsierte Samstag, einen kleinen, pummeligen Schwarzhaarigen, zurück in die Warteschlange. Als er mit seinem Gepäck endlich wieder auftauchte, hielt er mich für Mr. William Fedora. Nachdem Truscott ihn aufgeklärt hatte, wurde er mir gegenüber merklich kühler. Die beiden aber waren bald ein Herz und eine Seele, und trotzdem voller Mißtrauen gegeneinander. Samstag kletterte in das Taxi, zündete sich eine dicke Zigarre an und drehte mir den Rücken zu. Um meine besondere Stellung in dieser Geschäftsangelegenheit hervorzuheben, streckte ich einen Finger und den Daumen aus und sagte: "Eine von denen könnte ich jetzt auch gut gebrauchen."

Verwundert hielt mir Samstag seine Zigarrenschachtel entgegen. "Nimm gleich ein paar," forderte er mich auf.

Ich nahm fünf, beschnüffelte und betastete alle und legte drei wieder zurück. "Laßt euch durch mich nicht stören, Jungs!" sprach ich durch eine wohlriechende Rauchwolke. "Ihr handelt die Sondervereinbarungen aus, und ich kümmere mich um den Rest."

Diese Erinnerung an unsere Abmachung veranlaßte Truscott nun, eine Erklärung abzugeben, wonach ich Señor Gelabert fest im Griff hätte, und er versicherte Samstag, ohne mich sei nichts zu machen. Samstag sagte dazu nur "Ach ja?" und fuhr fort mit seiner Beschreibung einer Tournee durch die Provinz als Testaufführungen vor der eigentlichen Premiere in London.

Kurz bevor wir um die letzte Straßenkurve vor unserem Dorf bogen, tippte ich Samstag auf den Arm: "Sag mal, Sam, was sagt dir eigentlich, daß *Der schwierige Ehemann* ein Broadway-Hit sein wird?"

"Nicht was, sondern wer!" antwortete er fröhlich. "Natürlich war es Sharon. Sharon weiß so was immer. Sie sagte, Papa, glaube mir, dies wird die große Nummer schlechthin. Also schickte ich Fedora ein Telegramm und flog los. Sie ist erst vierzehn, meine Sharon, und geht noch zur Sankt-Teresa-Schule. Ihre Noten, oh weh! Die als schlecht zu beschreiben, wäre eine maßlose Untertreibung. Aber sie weiß es, immer ... . Nimmt ein Manuskript in die Hand, schnüffelt an ihm rum, liest drei Zeilen hier, vier Zeilen dort, beschäftigt sich ein paar Minuten mit dem zweiten Akt, springt zum letzten Auftritt und dann, ...", hier ließ Samstag seine Stimme langsam in ein dunkles Flüstern absinken, "dann fällt sie ihr gottverdammtes Urteil!"

"Das heißt, du hast das Manuskript auch nicht gelesen?"

Dann sind wir schon drei von einer Sorte. Wie wär`s, wenn wir es uns nach dem Abendbrot anschauten? Oder, um unsere Augen und unsere Zeit zu schonen, könnten wir Len Simkin, noch einen deiner Schauspielfreunde, Sam, bitten, es uns laut vorzulesen!"

"Wenn du meinst. Vielleicht hat Señor Gelabert ein Exemplar. Ich selbst habe keines dabei, schließlich kam ich ja auf Geschäftsreise hierher und nicht, um an einer Dichterlesung teilzunehmen!"

Tatsächlich hatte keiner von uns ein Manuskript, aber das konnte Samstag und Truscott nicht im entferntesten davon abhalten, in der Dorfkneipe den Rest des Tages weiterhin über Sondervereinbarung zu diskutieren, bis alles arrangiert schien. Sie beglückwünschten sich dazu gegenseitig und sagten, das Treffen mit Señor Gelabert würde sich als reine Formsache erweisen.

Mit gekämmten Haaren und hochglanzpolierten Schuhen erschien Jaume zu dem Treffen in seinem besten Anzug und legte eine beeindruckende Souveränität an den Tag. Seine schwere Kindheit sowie das harte Kasernenleben in Melilla hatten aus ihm einen Mann gemacht. Nach einer Flut von Gratulationen, die Jaume ziemlich kalt ließen, bestellte Samstag das Dorftaxi und lud uns beide zum Abendessen nach Palma ein. Len war enttäuscht, nicht mit dabei sein zu dürfen. Wir gingen ins *Aqui Estamos,* dem exklusivsten Restaurant Palmas, wo Samstag Jaume immerzu auf die Schulter klopfte und abwechselnd *Amigo!* und *Magnífico!* ausrief. Zwischendrin bat er mich, Sharons Lob an Jaumes Manuskript zu übersetzen. Eins davon lautete "Die Titelrolle könnte dir kaum ähnlicher sein, Papa!" (*El papel titular corresponde precisamente contigo, Papaito!*) und entlockte Jaume, der mittlerweile vollgestopft mit Flußkrebsen, Spargel, gebratener Pute, Walderdbeeren und Champagner war, zum ersten Mal an jenem Abend ein Lächeln. Danach landeten wir gegen drei Uhr morgens in einem Zigeuner-Nachtclub, wo wir bei Flamenco-Musik mehr, wenn auch ziemlich schlechten Champagner tranken. Truscott und Samstag, die zusammen um acht Uhr früh abfliegen wollten, waren völlig ausgelassen und verabschiedeten sich von uns auf wärmste.

Jaume aber blieb standhaft bei seinem Entschluß, keine Verpflichtungen einzugehen, bis er den abgeänderten Vertrag lesen konnte und dieser von einem zuverlässigen Notar abgesegnet würde. Und ehe sein Glück nicht Wirklichkeit würde, dachte er nicht daran, auch nur ein einziges Ferkel zu kaufen, geschweige denn einen Esel.

Als Truscott mir endlich das Dokument schickte, bot Len seinen Rat als Fachmann an: Er wisse über Broadway-Verträge bestens Bescheid und sähe mit einem Blick, wenn etwas daran faul wäre. "Möglich, daß Bill und Sammy da zusammen ein krummes Ding gedreht haben," deutete er an. "Zwar ist Bill ein alter Freund von mir, aber im Showgeschäft ... ."

Nachdem ich Len abgeschüttelt hatte, ging ich mit dem Vertrag zu Jaumes Hütte. "Ein Brief von Señor Samstag liegt als Anlage mit dabei," sagte ich ihm, "soll ich ihn zuerst lesen oder vorher den Vertrag übersetzen?"

"Erst den Vertrag, wenn es Ihnen recht ist."

"Der Autor, Mitglied der Dramatikervereinigung in der Amerikanischen Autorengewerkschaft Inc., (im folgenden als "die Gewerkschaft" bezeichnet), hat ein Buch geschrieben, das als ein Theaterstück oder auch als anderes literarisches Werk bezeichnet werden kann, mit dem Titel *Der schwierige Ehemann.* Der Produzent beabsichtigt, das besagte Stück in den Vereinigten Staaten von Amerika und in Kanada, etc. ... aufzuführen. Deshalb wird in Hinblick auf das oben Erwähnte und die hierin enthaltenen gegenseitigen Versprechungen und Zusicherungen und andere gute und nützliche Erwägungen folgendes vereinbart:

Erstens: Der Autor a) versichert hiermit, daß er der Autor des o.g. Stückes ist und das Recht besitzt, diese Vereinbarung zu unterzeichnen."

Jaume unterbrach mich: "Aber ich bin doch gar nicht Mitglied in der Dramatikervereinigung!"

"Macht nichts, die Aufnahme kannst du beantragen."

"Und wenn sie keine Ausländer aufnehmen?"

"Mach` dir darüber keine Sorgen. Senor Truscott wird das für dich schon arrangieren. Lesen wir weiter: Der Autor b) stimmt zu, daß gemäß diesem Vertrag ... ."

"Vielleicht, Don Roberto, sollten Sie doch zuerst den Brief übersetzen."

"In Ordnung ... . Hier steht, daß Señor Samstag seinen Besuch auf Mallorca genossen habe und er begeistert sei, daß wir alle übereinstimmen und daß du nur noch den Vertrag zu unterschreiben bräuchtest, da dein Agent, Señor Truscott, sich mit ihm über die Konditionen verständigt habe."

“Und dann ..., warte mal, ... jetzt ändert sich der Ton des Briefes. Das Stück findet Señor Samstag nach wie vor ausgezeichnet, aber er möchte gewisse grundlegende Änderungen im Handlungsablauf haben. Es sei, schreibt er, noch keineswegs gutes Theater. Der schwierige Ehemann, zum Beispiel, bleibe als Charakter zu statisch, da seine Aktionen immer vorhersehbar seien, wie übrigens auch der Sieg seiner Frau am Ende. In einer guten Komödie müsse sich der Charakter der Hauptfigur entwickeln, und diese Entwicklung solle durch pointierte Dialoge vorangetrieben werden. Die Handlung müsse zeigen, wie der Ehemann allmählich immer weniger schwierig, dafür aber immer menschlicher werde. Ihm solle auch ab und zu ein kleiner Sieg über seine Frau gegönnt werden ... .”

Jaumes Augen funkelten vor Wut. “Das schreibt er tatsächlich, dieser Vollidiot?”

Ich versuchte, ihn zu beruhigen. “Die Leute im Showgeschäft werden wohl den Markt gut kennen, da sie sich jahrein, jahraus damit beschäftigen.”

“Bitte lesen Sie weiter!”

“Er besteht darauf, daß die Szene, wo sich das Paar über das Haushaltsgeld streitet, geändert wird. Da solle der Ehemann lieber seiner Frau beibringen, wie sie etwas anderes, etwas konkret Sichtbares bewältigt, wie z.B. den Fernseher oder den Müllschlucker.” “Im Theater wollen wir Dinge sehen,” schreibt er. “Die Ehefrau bekommt von ihm die ersehnte Erlaubnis, eine lange Kreuzfahrt zu machen, was sie auch vorgibt zu tun, bleibt aber an Land, um Haushaltsgeld zu sparen. Wer soll das glauben! Laß sie doch fahren, meinetwegen ihrer Gesundheit wegen, und sich in einen gutaussehenden Abenteurer an Bord des Schiffes verlieben. Am Anfang des dritten Aktes kann der Ehemann dann einen komischen Eifersuchtsanfall kriegen ... .”

“Halt!” brüllte Jaume, “warum schickte mir dieser Kerl

erst ein Telegramm, wo drin steht, mein Werk sei großartig, um es dann vollständig zu verändern, obwohl er mir dafür die gleiche wahnsinnige Geldsumme anbietet?"

"Geduld, Jaume! Er telegraphierte *Bravo!,* weil er dein Stück nicht gelesen hatte. Jetzt schreibt er das Gegenteil, weil er es immer noch nicht gelesen hat. Da er weiß, daß du keine Erfahrung hast, traute er *Der schwierige Ehemann* seinen Assistenten an, die erfahrene Stücke-Reparierer sind. Die Änderungsvorschläge, die dir so sehr mißfallen, kommen von diesen Stücke-Reparierern. Wenn du das Stück nicht umschreiben willst, fällt automatisch ihnen oder ihren Helfern diese Aufgabe zu."

"Dann wäre es aber nicht mehr meines!"

"Doch, doch! Davor schützt dich der Vertrag. Über dem Theater wird dein Name in roten, grünen und gelben Neonbuchstaben leuchten, und du wirst das große Geld bekommen. Die Stücke-Reparierer kriegen nichts, außer ihren Gehältern, da sie nicht selbst schreiben, sondern nur überarbeiten können."

"Willie wäre niemals damit einverstanden gewesen!"

"Bist du dir da sicher?"

"Willie hätte kein einziges Wort geändert! Er war ein Dickschädel."

"Mag sein, und es stimmt, dieser Brief hört sich unsinnig an, soweit ich das beurteilen kann, ohne *Der schwierige Ehemann* gelesen zu haben. Aber du stehst vor einer ganz klaren Entscheidung: Entweder du kämpfst um jedes Wort deines Stückes, wobei du von Glück reden kannst, wenn es dir gelingt, eins von zehn zu retten, oder du weigerst dich, den Vertrag zu unterschreiben."

"Das reicht, Don Roberto, ich habe mich schon entschieden. Zum Teufel mit dem Vertrag! Wenn die Assistenten von Señor Samstag mein Stück neu schreiben möchten, dann laß` sie doch! Meinetwegen können sie eine Münze werfen, um zu entscheiden, wer als Autor genannt werden soll. Ich werde die Rechte am *Schwierigen Ehemann* ohne jegliche Einschränkung verkaufen, unter der Bedingung, daß Herr Samstag mir eine bestimmte Summe in Peseten zu zahlen hat, weiter nichts. Wieviel wird er dafür locker machen?"

Ich antwortete ihm: "Zum Glück handelt es sich nicht um den Verkauf deines Namens, sondern nur einer Story von dir. Wenn Señor Samstag so sehr davon überzeugt ist, wird er vielleicht zehntausend Dollar `rausrücken ..., umgerechnet ca. eine halbe Million Peseten."

Jaume sagte langsam: "Da ich den Vertrag mit Señor Truscott noch nicht unterschrieben habe, bin ich noch mein eigener Herr. Wir werden Señor Samstag telegrafieren, daß, wenn er noch einmal hierhergeflogen kommt, ein neuer Vertrag, der aus nur einer Seite besteht, beim Notar auf ihn wartet."

"Und Señor Truscott?"

"Für dreihunderttausend werde ich Besitzer von La Coma, das jetzt zum Verkauf steht. Da Señor Truscott mich so sehr um meine Hütte beneidet, überlasse ich sie ihm gerne und ergänze das Ganze um eine oder zwei Terrassen. Was die Zitronen- und Olivenhaine angeht, die ja viel mehr wert sind, gehören sie Ihnen, Don Roberto."

"Vielen Dank, Jaume, aber außer deiner Freundschaft möchte ich nichts haben. Wir sollten dein Telegramm sofort abschicken."

Drei Tage später kam Samstag rübergeflogen, hoch erfreut, keinen Bill Truscott vorzufinden. "Zwischen Freunden verkomplizieren Agenten alles unnötigerweise, nicht wahr?" fragte er uns. Der neue Vertrag, der eine einzige Seite in der Juristensprache umfaßte, fand sehr schnell beiderseitige

Zustimmung, und für die entsprechenden Peseten hatte Samstag bereits gesorgt. Die gingen auf ein Konto, das Jaume bei der Banco de España eröffnete.

Auf dem Heimweg von Palma äußerte sich Jaume ein letztes Mal zu dem Thema: "Was kann man mit jemandem anfangen, der sich über ein Theaterstück beschwert, ohne es gelesen zu haben? Viele Mallorquiner, aber wohl nur wenige Amerikaner, werden sich an den bemerkenswerten Erfolg von *Der schwierige Ehemann* vor einigen Jahren im Cine Moderno erinnern. Ich war mit meiner armen Mutter dort. Der Film lief volle drei Wochen. Nur ein Verrückter würde die Handlung ändern wollen. Der Film*) hieß ... Mensch, wie hieß er noch? ... Ach ja, jetzt weiß ich es wieder: *La vida con Papá*. Wie würde man das in Ihre Sprache übersetzen, Don Roberto?"

---

*) Der US-Film *Life With Father*, auf den hier angespielt wird, basiert auf einem Broadwaystück und war in den späten 40er-Jahren ein großer Kinoerfolg.

Sie ist gestern an Land gekommen

Nachdem ich um fünf Uhr an einem Freitag nachmittag auf Mallorca, wo ich wohne, die Post für unsere Familie abgeholt hatte, schaute ich beim Dorfcafé herein und fand alle Anwesenden in heller Aufregung. Ich fragte, was los sei. "Der Graf von Deiá ist tot," sagte mir Catalina, die hinter der Theke stand. Sie und ihr Mann, die Inhaber des Cafés, wußten immer alle Neuigkeiten. Ich merkte, sie hatte geweint.

"Aber ich habe ihn erst vor ein paar Stunden gesehen!" rief ich. "Er schien sich bester Gesundheit zu erfreuen und erzählte Witze, wenngleich sie auch traurig waren."

"Wo war das, Don Roberto?"

"Auf dem Pfad beim Eselsfelsen."

"Wann?"

"Gerade nachdem die Glocken zu Mittag geläutet hatten."

"Dann waren Sie wahrscheinlich der letzte, der ihn lebend gesehen hat. Was sagte er?"

"Er bat mich um eine Zigarette. Ich sagte ihm, ich hätte keinen hellen Tabak, nur schwarzen. Um so besser, sagte er, "Stroh rauche ich nur ungern." Ich gab ihm meine alte Tabaktasche aus Robbenleder und ein Päckchen Zigarettenpapier. Wir setzten uns auf einen Stein. Er drehte sich eine Zigarette, und ich bot ihm Streichhölzer an, aber er entschuldigte sich und benutzte ein kleines Brennglas, um seine Zigarette anzuzünden. Er meinte, das sei eine sparsamere Methode, und zudem sei die Sonne seine Freundin."

"Hat er irgendeine andere Bemerkung gemacht?" fragte Catalina.

"Nein, nur daß die Sonne heute seine einzige Freundin sei."

"Der arme Herr!"

"In meinem Korb hatte ich Wein und bot ihm davon an. Er

nahm einen Schluck und war so rücksichtsvoll, danach die Öffnung der Flasche mit einem sauberen Handtuch abzuwischen. Nach einer Unterhaltung über einen altrömischen Dichter, den wir beide bewunderten, äußerte er die Hoffnung, daß ich ihn bald besuchen würde. Dann gaben wir uns die Hand, und er ging den Hang hinunter."

"Er wurde um drei Uhr im Eselsfelsen-Stausee gefunden, gesegnet sei seine Seele! Don Julián eilte mit einem Arzt dorthin, der ihn noch künstlich zu beatmen versuchte. Der Graf hatte sich einen schweren Stein an die Füße gebunden, aber Don Julián, der ein sehr guter Priester ist und im Zweifelsfalle immer zu Gunsten des Sünders spricht, erläuterte, daß dies eine sehr unüberlegte Methode sei, um eine verlorene Münze oder eine andere Kleinigkeit auf dem Grund des Sees zu erreichen, daß also der arme Herr wohl das Opfer eines Unglücks geworden sei. Er stellte fest, daß der Graf seine goldene Uhr und seine Geldbörse auf einer Mauer in Sicherheit gebracht hatte. Und dann, als der Arzt ihn endlich für tot erklärte, wollte Don Julián es gar nicht wahrhaben, bückte sich über den Graf und verlangte von ihm eine ehrliche Beichte. Obwohl er keine Antwort erhielt, drückte das Angesicht des Grafen demütige Zustimmung aus, behauptete Don Julián, so daß es gerechtfertigt erschien, ihm die Absolution zu erteilen. Morgen wird der Verstorbene mit den üblichen Riten beerdigt, da der Richter ein Unglück als Todesursache bescheinigt hat."

"Ein großer Trost für die Familie des Grafen," sagte ich.

"Für das, was davon übrig blieb. Seine Tante in Madrid ist über neunzig, und eine Cousine zweiten Grades lebt in einem Kloster in Cartagena. Der Adelstitel mit seiner siebenhundertjährigen Geschichte wird erlöschen."

"Wird es für ihn über Nacht eine Totenwache geben?"

"Ja, Don Roberto. Mein Mann und ich hoffen, Sie bald dort zu sehen."

Was hatte ich während meiner oberflächlichen Bekanntschaft von vier oder fünf Monaten über den Grafen erfahren? Eigentlich nicht viel. Er war, was man ein *Original* nennt. Meine Mutter hatte mich immer davor gewarnt, ein *Original* zu werden, und ich weiß noch, als ich sie einmal fragte, was ein *Original* sei, antwortete sie: "Das sind diese Leute, die in öffentlichen Gärten Tauben füttern, von denen ihnen immer zwei oder drei auf dem Kopf sitzen." Der Graf aber hätte niemals etwas derart Triviales oder Vulgäres getan. Vielleicht hätte er statt dessen Geier auf dem Friedhof gefüttert. Er war ein kleiner, häßlicher Mann um die fünfzig herum, immer gleich angezogen: mit einem grauen Jackett aus dickem Flanell und einer grauen Hose, dazu mit einer französischen Jagdweste. Seine haarigen, penibel manikürten Hände fummelten meistens mit einer schweren, goldenen Uhrkette herum. Er ging fast immer ohne Hut, und sein kahler Kopf hatte Massen von Sommersprossen. Seine Nasenlöcher verrieten eine ironische

Verachtung für die Welt. Und von der Wut, die in seinen schwarzen Augen glomm, fühlte ich mich angezogen, denn die meisten Mallorquiner sind ansonsten eher kindlich ergeben. Der Graf sprach sehr gepflegtes *Castellaño* und noch schöneres *Mallorquín*. Unsere adligen Insulaner unterhalten sich in *Mallorquín aulica*, einer eigenen, höfischen Mundart ähnlich dem Provençalischen, die sich durch ihre vielen mittelalterlichen Ausdrücke vom gemeinen Dialekt des Volkes, der *Mallorquina plebeia*, unterscheidet. Ich hörte, der Graf wäre seit kurzem verwitwet und hätte keine Kinder. Ich wußte, er beherrschte Latein und galt als Autorität, was den Bauernaufstand des späten Mittelalters anging. Er sprach davon, eine Studie*) über Christopher Columbus zu veröffentlichen, die beweisen würde, daß dieser ein Ausgestoßener gewesen sei, der nach Genua hatte flüchten müssen, nachdem das Gut seiner Familie – als Folge des gescheiterten Aufstands – beschlagnahmt worden war. Der Graf lebte allein mit seinem Diener in Ca`n Deia, einem hohen Haus aus dem sechzehnten Jahrhundert neben der Kirche, über deren Tür sein Familienwappen eingemeißelt war. Ein gelegentliches Truc-Spiel mit dem Bürgermeister, dem Lehrer und dem Arzt im Café war fast seine einzige Teilnahme am Dorfleben. Frauen und Kinder schienen Angst vor ihm zu haben, aber das verstand ich nicht, da er niemals seine Stimme erhob oder eine Szene machte.

An jenem Abend stattete alles, was im Dorf Rang und Namen hatte, dem Grafen einen letzten Besuch ab.

Er galt als einheimisch, da er Ca`n Deia besaß, doch der eigentliche Familiensitz war der Palacio Deía in Palma.

---

*) Vor allem auf Mallorca ist die Theorie verbreitet, daß Columbus aus dem Städtchen Felanitx im Südosten Mallorcas stammt und ein jüdischer Pirat war, der seine wahre Herkunft – angeblich aus Furcht vor der Inquisition – verschwiegen hat.

Bevor er sich unter uns niederließ, nur sechs Monate vor seinem Tod, hatte Ca`n Deia seit Generationen leer gestanden, obwohl es einmal jährlich zu Ostern geöffnet und rituell weiß angestrichen wurde. Die Möbel, die Gemälde und das Porzellangeschirr deuteten auf das frühe achtzehnte Jahrhundert als den letzten Zeitraum, in dem das Haus bewohnt worden war. So man dem Küster Glauben schenken darf, der die alten Dorftraditionen pflegte, wurde dort einer der Vorfahren des Grafen aus einer Seitenlinie (einer, der von sehr exzentrischen Allüren geplagt wurde) von einigen Dienern bewacht, damit seine Familie die peinliche Alternative, ihn entweder zu Hause oder in einer Nervenanstalt zu verwahren, umgehen konnte. Der Küster erklärte, der arme Kerl hätte in seine Bekleidung eingenäht werden müssen, damit er sich nicht in der Öffentlichkeit auszog, insbesondere nicht während der Heiligen Messe: "Er kam während der Karlistenkriege*) hierher," erzählte er mir einmal, "in genau dem Jahr, als die Bevölkerung in der Hungersnot Johannisbrot essen mußte. Von ihm stammen diese Silhouetten, die im Flur hängen. Finden Sie die nicht eigenartig?" Besagte Silhouetten waren mit viel Aufwand aus weißem Papier herausgeschnitten: eine Palme, Jagdszenen, Pfeife rauchende Kavaliere, Wappenfiguren, riesige Tauben, Blumen, Meerjungfrauen und Einhörner, alle wild miteinander kombiniert auf einem Hintergrund von schwerem, blauen Papier, jedoch gebändigt durch schlichte, goldene Rahmen. Der tote Graf lag zwischen weißen

---

*) Die Karlisten waren Anhänger der absolutistischen Monarchie, speziell zugunsten des Bourbonen-Thronanwärters Carlos im Spanien des 19. Jahrhunderts. Die Auseinandersetzung zwischen den Karlisten und der Regierung, die schließlich bürgerkriegsähnliche Ausmaße annahm, begann zunächst als Konflikt um die Thronfolge, später aber kämpften die Karlisten grundsätzlich gegen liberale Tendenzen und für die Rückkehr zur absoluten, von der Kirche gestützten Monarchie. In drei sogenannten Karlistenkriegen wurde die Karlistenbewegung besiegt, blieb jedoch bis ins 20. Jahrhundert hinein aktiv.

Rosen und Madonnen-Lilien im ersten Stock. Sein Hofkleid war mit prachtvollen Orden verziert. Der Blumenduft konnte den Geruch der Mottenkugeln fast überlagern, und man hatte, wie ich später herausfand, einige Rosenblüten mit Bedacht über die offensichtlichsten (Motten-?, Mäuse-?) Löcher im schwarzen Samt seines Anzugs gelegt. Seit der Abdankung von Alfonso XIII. vor über 20 Jahren war keine Gelegenheit mehr für ihn gewesen, das Hofkleid anzuziehen. Die Hebamme hatte ihm das Gesicht zurechtgemacht, und alle waren sich einig, der Graf strahle eine Engelsruhe aus: sie hatte das typische Halblächeln in seinem Mundwinkel nicht entfernt.

Als ich hineinging, ließ eine Erinnerung meinen eigenen Mundwinkel vor Mitgefühl zucken. *"O Señor muerto!"* murmelte ich. Einmal hatte mir der Graf eine witzige Anekdote über ein Dorftheaterstück erzählt, das er gesehen hatte. Ein treuer Page hätte beim Anblick der Leiche seines ermordeten Herren verzweifelt aufschreien müssen: *"O Señor! Muerto está! Tarde llegamos!"* (Mein Herr! Ihr seid tot! Wir sind zu spät gekommen!) Aber der Schauspieler hatte seinen Textpart ohne jegliche Zeichensetzung gelernt, so daß er auf die Bühne schlenderte und fröhlich rief: *"O Señor muerto, esta tarde llegamos!"* ("Mein toter Herr, wir werden am Nachmittag ankommen!").

Im steingefliesten Salon im Erdgeschoß saßen wir Trauernden in einer langen Reihe auf niedrigen Stühlen mit Sitzen aus gewebten Palmfasern, solchen, wie sie fast jede mallorquinische Familie für Taufen, Beerdigungen, Hochzeiten und Konfirmationen besitzt. Aber diese waren vom Küster nebenan ausgeliehen, da es auf Ca`n Deia nur riesige, feudale Armsessel mit verblaßtem roten Samt gab oder hohe aus schwarzem Leder mit achteckigen Messingknöpfen.

Gereicht wurden schwarzer Kaffee und Kekse, und eine Schachtel Zigarren lag auf der fünf Zentimeter dicken Tischplatte. Da ich als letzter den Grafen noch lebend gesehen hatte, mußte ich meine Geschichte mehrmals erzählen. Aus Höflichkeit fügte ich seine Kommentare über die uneingeschränkte Gastfreundschaft hinzu, welche die Dorfprominenz (der fromme Pfarrer, der korrekter Richter, der belesene Lehrer, der unermüdliche Arzt) ihm erwiesen hätte. Aber eine authentische und äußerst rätselhafte Bemerkung des Grafen behielt ich für mich, aus Furcht, sie könne jemanden verletzen. Als er sich von mir in Richtung Staudamm abwendete, rief er noch über die Schulter: "Sie ist gestern an Land gekommen, wissen Sie. Nicht weit von hier. Deswegen muß ich euch jetzt verlassen."

Unsere feierliche Versammlung wurde etwas gemütlicher um elf Uhr abends, als das elektrische Licht dreimal flackerte, als Zeichen dafür, daß der Strom in einer halben Stunde für den Rest der Nacht abgestellt werden würde. Daraufhin verabschiedeten sich die meisten Dorfbewohner. Wir Verbliebenen saßen auf den Stühlen in einem Kreis um den Tisch. Der kräftig gebaute Diener des Grafen, unser Gastgeber, zündete lange Kirchenkerzen in Zinnständern an. Ein Tablett, beladen mit zwei Flaschen Brandy und einer Flasche Anis, erschien, und bald fingen wir an, frei miteinander zu reden. Wir waren sieben: Guillermo, der Diener, der Lehrer, der literarische Ambitionen hatte, der hagere Küster, Maria, die Hebamme, Don Tomás Fons y Pons, der Familienanwalt des Grafen, den ich noch nicht kannte, sowie der Ehemann von Catalina, der sowohl der Fahrer des Dorfbusses als auch Inhaber des Cafés war, und ich selbst.

"Die ideale Zusammensetzung einer Gruppe," strahlte der Lehrer. "Zahlenmäßig mehr als die Grazien, aber weniger als die Musen."

"Aber auch," sagte der Küster, "genau die richtige Anzahl, um den verstorbenen Herrn, der oben liegt, genügend zu ehren, und um für ihn die ganze Nacht hindurch Totenwache zu halten!"

"Ich habe im Dorf keine Adelsleute gesehen," sagte Catalinas Mann, "obwohl die Nachricht von seinem Tode die Hauptstadt bestimmt vor Stunden erreicht hat."

Der Anwalt strich sich über den weißen Schnurrbart, räusperte sich und erklärte: "Viele sind verreist, andere sind in die italienische Oper gegangen. Aber wir können Vertreter aller großen Familien morgen bei der Beerdigung erwarten. Eine solche Höflichkeitsgeste können sie jemandem, der nicht nur dem ältesten Adelsgeschlecht Mallorcas entstammt, sondern auch ein erbberechtigter Duftkugelträger seiner Majestät des Königs von Spanien war*), wohl kaum verwehren."

"Diese Heuchler, wie sehr sie meinen Herrn gehaßt haben!" stieß der Diener hervor. "Sein Vater verliebte sich in ein schönes Bauernmädchen aus Costitx während des Martini-Schweineschlachtfestes und war so vernünftig, sie zu heiraten, anstatt sie zu verführen und ihr nachher einen Hundert-Peseten-Schein in den Schoß zu werfen, so wie sie es alle gemacht hätten. Sie hatte einen starken Charakter, die alte Gräfin, und fromm war sie wie keine zweite. Dieses heruntergekommene Pack tat dann so, als ob unser Graf der Sprößling einer *mésalliance* wäre, aber in Wirklichkeit beneideten sie ihn um sein Wissen, seinen Mut und seinen unabhängigen Geist. Jeder von ihnen könnte einige Tropfen Bauernblut in seinen Adern gut gebrauchen. Die alte Gräfin starb, als mein Herr erst fünf Jahre alt war, aber die Erinnerung an sie hielt er sehr in Ehren. So sehr, sagen einige, daß es den Ruin des armen Grafen bedeutete."

---

*) Duftkugeln, sogenannte *Pomaders,* sind seit dem ausgehenden Mittelalter zu kleinen, wertvollen Schmuckstücken verarbeitete Edelmetallkugeln, die meist an Kordeln um den Hals oder um die Hüften getragen wurden und mit aromatischen Kräutern und Gewürzen gefüllt waren. Sie sollten vor Krankheiten und schlechten Gerüchen schützen.

“Ach was!” warf Maria, die Hebamme, ein. “Wie kann es einen ruinieren, wenn er sich die Erinnerung an seine Mutter bewahrt?” Guillermo wandte sich dem Anwalt zu. “Ich werde Don Tomás bitten, mich zu korrigieren, falls ich was Falsches sage, aber so lautet die Geschichte, wie sie innerhalb der Dienerschaft erzählt wird, und wir Diener nehmen es mit der Wahrheit peinlich genau.”

“Erzähl sie mit deinen eigenen Worten, Guillermo,” sagte der Anwalt.

Der Diener fuhr fort: “Don Ignacio, der um zwei Jahre jüngere Bruder des Grafen, fuhr in seinem Sportwagen nach La Puebla. Es hatte geregnet, und die Straße war vom Schlamm der Kartoffelkarren verschmutzt und sehr glatt. Seine Frau begleitete ihn. Als das Auto von der Fahrbahn abkam und in einen Baum hineinraste, waren beide auf der Stelle tot. Ihre reizende dreizehnjährige Tochter Doña Acebo mit ihren grünen Augen wurde so zum Ziehkind meines Herren, da sie in der ganzen Familie keine geeignete Tante oder andere Verwandte besaß. Er war Junggeselle, und, obwohl das Ganze ihn ein bißchen in Verlegenheit brachte, nahm er die Verantwortung auf sich. Die Bildung des Kindes erwies sich leider als sehr mangelhaft, obwohl das Mädchen selbst Intelligenz und Humor zeigte. So nahm er sie aus der Konventschule heraus, die sie bislang besucht hatte, und unterrichtete sie selbst. Sie bewohnten den Palacio Deia. Er unterrichtete Doña Acebo in Geschichte, Wappenkunde, Erdkunde, Botanik, Französisch und Latein. Bald verzichtete sie ganz auf ihre Schulfreunde, da keine von ihnen die gleichen Interessen oder die gleiche Freiheit wie sie hatte, und mein Herr schirmte sie von der Gesellschaft Palmas ab, “um zu verhindern, daß aus ihr eine verschwenderische, moderne Frau wird,” so sagte er. Sie lernte nur drei Stunden am Tag, aber die waren dreißig Stunden im Konvent wert, weil er sie wie ein Engel unterrichtete und die Arbeit eher wie ein Spiel für die beiden war. Um Ihre religiösen Bedürfnisse kümmerte sich natürlich der Familien-Kaplan. Mein Herr nahm Doña Acebo überall mit hin, ins Theater, ins Konzert, zu Stier- und Hahnenkämpfen, zu Ringkämpfen, aber am meisten genossen sie die Unterhaltung, die sie sich selbst ausdachten. Sie liebten es, anderen Streiche zu spielen, und zu jeder beliebigen Tageszeit verließen sie den Palast, verkleidet als Zigeuner, Betrunkene, Bauern oder fliegende Händler, und erlebten tausend lustige Abenteuer in den engen Gassen von Palma.

“Gib uns bitte ein Beispiel” sagte der Lehrer, “unter `tausend lustige Abenteuer´ kann man sich nichts Rechtes vorstellen.”

“Nun ja, einmal wollten sie herausfinden, wem es schneller gelingen würde, einem Fremden fünfzig Peseten abzuschwindeln. Ich mußte die Zeit nehmen. Mein Herr, bekleidet mit einer Schiebermütze, einem falschen Bart und Brille, suchte einen Laden mit alten Büchern auf, wo er fünf Peseten für einen Band über Bienenzucht bezahlte. Dem Preis fügte er eine Null hinzu, wickelte das Buch in braunes Papier ein, ging in ein Café, um sich dort eine Zeitung zu nehmen und die Todesanzeigen auf der zweiten Seite der *Ultima Hora* zu durchforsten. Als er entdeckte, daß ein gewisser Don Fulano de Tal, ein Importeur von Kunststoffleitungen, nur zwei Straßen weiter gestorben war, ging er dorthin und fragte nach ihm. "Oh, nein, er ist tot!" seufzte die Witwe. "Nein und nochmals nein!" gab der Graf wie ein Echo von sich. "Don Fulano, mein sehr geschätzter Freund, bestellte dieses Buch bei mir vor einer Woche, und ich habe es gerade in Barcelona auftreiben können." Als er sich abwandte, fragte die Witwe, ob sie das Buch sehen könne. "Ach, ein praktisches Werk über die Imkerei," sagte sie zärtlich. "Mein armes Engelchen scheint also doch das zurückgezogene, ruhige Landleben erwogen zu haben und sich rechtzeitig von seinem Geschäft zu trennen, worum ich ihn so oft angefleht und gebeten habe. Wie recht ich hatte, da er mir nun durch sein überlastetes Herz weggenommen wurde. Ich muß dieses Buch als Erinnerung an seine Liebe erstehen. Wieviel, sagten Sie, hat es gekostet?" Mein Herr zeigte ihr den Preis und erwähnte auch die fünf Peseten Postgebühren, auf die er aber unter diesen Umständen bereit wäre zu verzichten. Darauf ging die Witwe ein und dankte ihm für seinen Edelmut. Dieses Spiel dauerte weniger als eine halbe Stunde, aber Doña Acebo hatte das Rennen schon längst gewonnen. Für je fünfundzwanzig Peseten verkaufte sie an deutsche Urlauber zwei verfallene Lose einer Autolotterie und war wieder zu Hause, ehe auf meiner Uhr fünf Minuten um waren."

"Mach` weiter mit deiner Geschichte, Junge!" sagte Maria, die Hebamme. "Du erwähntest die verhängnisvolle Liebe des Grafen zu seiner verstorbenen Mutter?"

"Darauf werde ich noch kommen. Die unschuldige Kameradschaft zwischen dem Grafen und Doña Acebo konnte nicht ewig dauern, da sie mit zunehmendem Alter und Umfang ihrer Taille immer mehr dem Porträt ihrer Großmutter, der alten Gräfin ähnelte, deren Vornamen sie geerbt hatte, so sehr, daß man sie für Zwillinge hätte halten können. Kurzum, als sie fünfzehn wurde, entdeckte mein Herr zu seiner Verwirrung und Besorgnis, daß er sich in sie verliebt hatte. Was sollte er tun? Die beiden hatten sich durch das abgeschiedene Leben im großen Palast, mit dem Kaplan und uns Dienern als einzigem Publikum für ihre fortgesetzten Streiche, derart aneinander gewöhnt, daß es zu grausam schien, das Mädchen wegzuschicken. Aber wäre es nicht noch viel schlimmer, wenn sie bliebe ? Nach langer Selbstprüfung und mit der zögerlichen Genehmigung des Kaplans faßte er den Beschluß, sie zu heiraten. Obwohl eine Ehe zwischen Onkel und Nichte durchaus von der Kirche gesegnet werde kann, dem wohlbekannten Beispiel aus der Heiligen Schrift folgend, sind derartige Verbindungen sehr selten. Würde ein Onkel hier im Dorf seiner Nichte unangemessene Zuneigung offenbaren, bekäme er die ganze Nacht hindurch um sein Hause herum ein Blaskonzert auf Seemuscheln zu hören, und am Morgen würde er eine Ladung Dreck auf seiner Türschwelle vorfinden. Aber einem Grafen von Deia ist alles erlaubt, was sich noch irgendwie vertreten läßt, da seine Vorfahren eine herausragende Rolle spielten, als es darum ging, die mallorquinische Kirche daran zu hindern, sich dem Gegenpapst in Avignon anzuschließen. Nichtsdestotrotz kostete es sogar meinen Herrn sehr viel Geld und Mühe, die Heiratserlaubnis vom Vatikan zu bekommen: Es begann mit einem Fürsprachebrief des Bischofs zu Palma, der die Eigenart dieses Falles erläutern sollte, aber der Bischof weigerte sich wegen technischer Schwierigkeiten."

"Das reicht, Guillermo!" unterbrach der Anwalt, "überlaß` bitte den Priestern die Feinheiten des Kirchenrechts und bleib` lieber bei den Tatsachen! Der Graf von Deia und Doña Acebo heirateten, und die Ehe erwies sich für beide alles andere als glücklich."

"Das ist wahr," stimmte Guillermo zu. "zuerst behandelte Doña Acebo, die ja erst sechzehn war, die Ehe nur als einen ihrer wilden, skandalösen Streiche, einen, der ihr außerdem zu einem beneidenswerten sozialen Status verhelfen würde, und so fuhren sie euphorisch in ihre Flitterwochen nach San Sebastián. Als sie aber herausfand, daß er ernsthaft von ihr erwartete, daß sie die Rolle der Ehefrau tatsächlich, und nicht nur dem Namen nach spielen und ihm zudem einen Stammhalter präsentieren sollte, spürte sie ein gewisses Entsetzen und vielleicht sogar moralische Skrupel, obwohl ihre Ehe vollkommen legitimiert war."

"Davon habe ich reden hören," sagte die Hebamme, ohne dabei ihr Gesicht zu verziehen, "sie lehnte körperliche Kontakte ab, aber in einer sehr liebevollen Art."

"Liebevoll ist richtig, Doña Maria," antwortete der Diener ebenso ernst wie sie: "Der Graf war sehr kitzelig, und jedesmal, als er versuchte, sich ihr mehr zu nähern als ein Onkel es tun würde, kitzelte sie ihn zwischen den Rippen, bis er beinahe vor Lachen und Ärger tot umfiel."

Noch einmal unterbrach der Anwalt: "Eine sehr tragische Geschichte. Der erboste Graf, wohlwissend, daß er einen schlimmen Fehler begangen hatte, aber auch erpicht darauf, seiner Gräfin eine Lektion zu erteilen, erwirkte eine Annullierung der Ehe, was ihn fast genauso viel Geld und Mühe wie der Trauschein kostete, und zwar ohne ihr Einverständnis oder Wissen. Eines schönen Tages erwachte sie ohne den Ehering an ihrer Hand, und als sie Alarm schlug, erfuhr sie von Margalida, der Hausmagd, anweisungsgemäß, daß sie das Schmuckstück ohnehin nicht mehr benötige."

"So tief hat dieser Streich Doña Acebo getroffen," sagte der Diener und unterstrich dabei das Gesagte mit dem Nicken seines Kopfes, "daß das Pärchen nie wieder so sorglos wie früher spielte, und bald war sie mit einem Bandleader aus

Kolumbien, den sie in Tito`s Bar kennenlernte, auf und davon. Aus jeder Stadt, die sie auf seiner Tournee besuchte, schickte sie dem Grafen Postkarten mit Bildern von Liebenden zu: einige sentimental, einige anzüglich. Allen gemein war ein sehr schlechter Geschmack. Der Graf wurde immer trauriger, legte sich ins Bett und empfing keinen Besuch mehr. Als er endlich wieder gesund wurde, fanden wir, er hätte sich verändert und war besessen von einem Hang zu spleenigen Spielchen. Zum Beispiel hatte er bei der Heiligen Messe in Santa Eulalia, wo der Boden aus abwechselnd weißen und dunkelroten Marmorquadraten besteht, erhebliche Schwierigkeiten, zum Altar zu gehen: viele der roten Marmorquadrate, die er betreten zu müssen glaubte, waren regelmäßig von knienden, betenden Frauen besetzt. "Verzeihen Sie, gute Frau," murmelte er, "würde es Ihnen etwas ausmachen, zwanzig Zentimeter weiter nach rechts zu rutschen?" Sie schauten ihn meist verärgert an, aber er bekam fast immer seinen Willen. Bei seinem Anblick wurden alle Priester, welche die Messe lasen, sehr nervös, da der Graf – wenn er erst einmal die Marmorfliesen hinter sich gebracht hatte – beim kleinsten Fehler der lateinischen Aussprache oder Grammatik die Hände rang und leise *Oh, oh*! stöhnte"

"Ich habe ihn einmal eine halbe Stunde lang auf dem Jahrmarkt am Palmsonntag beobachtet," sagte Catalinas Mann. "Das war etwa drei Monate, nachdem Doña Acebo ihn verlassen hatte. Er lehnte sich über den Tresen der Schießbude, und neben ihm wartete eine Reihe kleiner Jungen, die er wie Soldaten strammstehen ließ. Nach einigen Probeschüssen, mit denen er die genaue Ablenkung durch den Gewehrlauf feststellte, kaufte er einen Riesenstapel Marken und schoß mit monotoner Regelmäßigkeit auf eine einzige Eisenplatte. *Klack! Klack! Klack!* Bei jedem Treffer sprang eine kleine Tür auf, und heraus kam eine Puppe, als Kellnerin gekleidet, mit einem Tablett in der

Hand, auf dem eine winzige Flasche voll sogenanntem Wermut stand. Er ließ sich die Flasche geben, öffnete sie, kippte den Inhalt dem nächsten Jungen in den Rachen, schickte ihn wieder ans Ende der Reihe und nahm sein Scharfschießen erneut auf. Der Inhaber der Bude verfluchte den Grafen, aber ansonsten konnte er nichts dagegen unternehmen."

"Wieso hat er den Palast verlassen?" fragte der Küster. "Wollte er unangenehmen Erinnerungen an seine Ehe aus dem Weg gehen?"

"Kann sein," sagte der Diener, "aber er behauptete, er hätte hier in den Bergen Zuflucht vor seinen Feinden gesucht. Als ich fragte, welche Feinde das seien, meinte er, "diejenigen, die hellen Tabak rauchen, die ihr sonnenverbranntes, rosa Fleisch auf unseren ruhigen mallorquinischen Stränden schmoren lassen, die in zehn Meter langen ausländischen Autos um die Insel donnern, die dem Ton das Aluminium vorziehen und Kunststoff dem Glas, die Palmas Altstadt abreißen, um auf den Ruinen Reisebüros, Souvenirläden und kasernenartige Hotels zu bauen, die ihre Radios auf den Straßen während der Siesta auf volle Lautstärke drehen, die Caca-Loco und Flaschenbier saufen!" Das Schlimmste war die Schließung des *Café Figaro*, Treffpunkt aller Originale Palmas, und die Umwandlung des Gebäudes in Luxusbüros für die Firma *Thomas Cook & Son*. Dort hatte er morgens an einem Ecktisch immer Domino mit einem Mann namens *Katzeneintopf* gespielt."

"Wer war das?" fragte ich.

Über *Katzeneintopf* wollten mich der Lehrer und Catalinas Mann aufklären, aber der Küster hatte das Wort. Ihm zufolge war diese berühmte Erscheinung Koch beim Bischof von Palma gewesen. Dieser starb, und der neue Bischof beging den Fehler, eine der Soßen des Koches zu kritisieren. Obwohl zutiefst verletzt, schwieg er ... . Und etwas später bereitete er anläßlich eines Banketts, zu dem der Gouverneur und sein Stab vom Bischof eingeladen waren, ein köstliches Kaninchenragout. Als er in den Speisesaal gerufen wurde, um dort die außergewöhnlichsten Komplimente zu hören, sagte er, "Jawohl, ohne Zweifel bin ich der beste Koch Mallorcas. Bei mir schmeckt sogar dieser Eintopf aus streunenden Katzen wie das zarteste Kaninchenfleisch. Und nun, mein gnädiger Herr Bischof, bin ich fertig und wünsche Ihnen und Ihren Gästen eine angenehme gute Nacht!" Er warf seine Kochmütze auf den Boden und schritt siegesbewußt hinaus. Danach trieb er sich in Palma herum, sammelte und rauchte Zigarettenkippen, die Urlauber weggeworfen hatten, und ließ sich von Einheimischen, die seinen Mut bewunderten, zu einer Tasse Kaffee einladen. Nie wieder kochte er eine Mahlzeit. Als die Menge neuer Hotels zu einem Mangel an Köchen führte, bekam *Katzeneintopf* äußerst verlockende Angebote für seine Kochkunst: bis zu hunderttausend Peseten im Jahr. Als Antwort pflegte er nur auf den Boden zu spucken.

Ich fragte: "Was tat der Graf gegen die Heimsuchung durch die Postkarten der Gräfin?"

Diese Frage war den übrigen Trauergästen peinlich. Drei von Ihnen wanden sich auf ihren Stühlen, aber die in Falten gelegte Stirn des Anwaltes zwang sie zu schweigen.

Maria, die Hebamme, erbarmte sich meiner: "Der Graf hatte Bauernblut in seinen Adern, Don Roberto. Wir wissen, daß er sich in seiner Verärgerung von einer weisen Frau in Andraitx beraten ließ. Mit welchem Ergebnis, ist nicht bekannt, aber sicher ist, daß die Verfolgung endete, als Doña Acebo Anfang letzten Jahres starb."

"Wie ist sie gestorben, Doña Maria?"

"Auch durch Ertrinken. Das neue Kreuzfahrtschiff, auf dem sie und ihr junger Bandleader unterwegs von Brasilien nach Argentinien waren, lief auf einen Felsen und sank."

Don Tomás wechselte schnell das Thema. "Der Graf war eine Seele von Mensch," plapperte er, "eines Tages versuchte er, von seiner neurotischen Besessenheit getrieben, von einem Ende der Calle San Miguel zum anderen zu gehen und dabei abwechselnd links und rechts an den entgegenkommenden Menschen vorbeizuspringen. Das war ein sehr gefährlicher Tanz an einem geschäftigen Samstag Morgen, denn die Straßen und Tische vor dem *Café Suiza* waren – wie gewöhnlich – proppevoll mit Bauern. Da kam plötzlich ein Vespa Motorroller die Straße heruntergerast, und der Graf lief ihm beim Versuch, rechts auszuweichen, genau in den Weg. Der Roller erwischte ihn am Fuß, der Fahrer stürzte, und die Maschine fiel auf die Seite, der Motor aber surrte weiter, als die Vespa neben dem Bürgersteig lag. Da erschien ein Bäckerjunge auf einem Fahrrad mit einem riesigen Tablett voll Gebäck auf dem Kopf, fuhr in die Vespa und ließ das Ganze auf die Straße fallen. Zugleich schrie eine blinde Losverkäuferin an der Straßenecke laut auf, als sie bemerkte, wie ihr Rock von den Abgasen der Vespa angehoben wurde. "Junger Mann," sagte der Graf zum Vespafahrer, der seinen verletzten Ellbogen versorgte, "wie kommen Sie bloß dazu, mit ihrer gefährlichen Maschine an einem Samstag Morgen durch die Calle San Miguel zu fahren?" Den Bäckerjungen bezahlte der Graf sofort aus und tröstete das alte Weib, küßte ihr die Hand, kaufte fünf Lotterielose (die er prompt in Stücke riß, da seine Seele über Geld erhaben war) und führte sie zum *Suiza*, wo sie geschwind diverse Gläser Brandy hinunterkippte. Der Bäckerjunge sammelte seine Gebäckstücke ein, rieb von ihnen den Staub an seinem Hosenboden ab, stapelte sie erneut auf seinem Tablett und radelte – um hundert Peseten reicher – auf und davon. Der Verblichene hatte seine Fehler wie jeder von uns, aber wann werden wir solch einem Menschen je wieder begegnen?"

Wir redeten und tranken weiter bis fünf Uhr früh, und dann

begannen wir, uns auf den Abschied vorzubereiten. Wir gingen ein letztes Mal nach oben und ließen den Grafen in der Gesellschaft seines besten Freundes zurück, der sich in pathetischen Wendungen erging. "Die spanische Vorliebe für schwarzen Samt," betonte der Lehrer salbungsvoll, mit einem Seitenblick auf das Hofkleid des Grafen, "wird häufig der melancholischen Seite unseres Nationalcharakters zugeschrieben, aber das ist ein Irrtum. Unsere Vorfahren verehrten die Indigopflanze, denn nur sie allein konnte ihnen eine feste, rußfarbene Tinktur liefern, die einen Kontrast zum strahlenden Weiß des Leinens ihrer Kragen und Manschetten bildete. Spanischer Samt wird niemals rostig oder grün. Guillermo hat Recht daran getan, den schwarzen Samt mit Lilien und Rosen zu kontrastieren. Sogar in den dunkelsten Stunden unseres Freundes blitzte gelegentlich das reinste Weiß hervor!"

Die Totenmesse für den Grafen fing um zehn Uhr an und wurde von Vertretern aller Adelshäuser Palmas besucht. Unser Dorfplatz war mit ihren schnittigen amerikanischen und italienischen Autos vollgeparkt. Die Besucher bildeten ihre eigene stille kleine Gruppe, so daß ich mir wie ein Bauer unter Bauern vorkam. Während der Messe, die vom Bischof persönlich (unter Mithilfe verschiedener assistierender Pfarrer, darunter auch Don Julián,) gelesen wurde, mußte ich ständig daran denken: "Sie ist gestern an Land gekommen, wissen Sie. Nicht weit von hier. Deswegen muß ich Sie jetzt verlassen." Wer war an jenem Donnerstag an Land gekommen? Wo? S i e konnte unmöglich Doña Acebo gewesen sein, und allgemein wurde behauptet, daß keine andere Frau eine Rolle im Leben des Grafen gespielt hätte.

Maria, die Hebamme, hatte Andeutungen gemacht, daß Hexerei im Spiel gewesen sei, aber da Hexerei ein Thema ist, worüber Mallorquiner niemals mit Ausländern sprechen, dachte ich mir, es wäre besser, es dabei zu belassen.

So wie das Schicksal es wollte, hatten meine Frau und ich am nächsten Tag eine Einladung zum Mittagessen bei Jack und Gloria Stonegate in Paguera, einem Ort, der einige Kilometer von Andraitx entfernt liegt. Er war ein gewiefter Geschäftsmann im Ruhestand aus dem Norden Englands, und sie war genial, was die Reparatur von antikem Porzellan anging. Paguera hat die meisten Sonnenstunden von ganz Mallorca, und das bedeutet natürlich: wenig Regen und somit chronische Wasserknappheit. Aber als positive Punkte sind ein Strand aus feinem Sand, Pinienwälder und die Tatsache anzuführen, daß man bereits ab März dort baden kann.

"Gibt es was Neues seit dem letzten Mal?" fragte ich Jack beim Cocktail.

"Eigentlich nicht viel, alter Knabe, nur zwei Motorradunfälle, einen Tod durch Ertrinken, Kerosin-Knappheit, eine Auseinandersetzung zwischen einigen Niederländern beim Kaufmann und einen Sarg, der vor drei Tagen ans Ufer gespült wurde."

"Das mit dem Sarg hört sich am interessantesten an."

"Das war es auch! Darin lag eine Puppe aus geschnitztem Holz, ungefähr einen Meter lang und offensichtlich die Nachbildung eines echten Menschen, mit Brautkleid und Schleier. Was sagst du dazu? Um den Hals trug sie eine winzige, mit den spanischen Nationalfarben geschmückte Posttasche, und in der Tasche fanden wir eine Sammlung ziemlich blöder Postkarten mit Liebesszenen von überall her: Tanger, Honolulu, Blackpool, Atlantic City, Kopenhagen. Name und Adresse des Empfängers waren mit einer Rasierklinge penibel weggekratzt, und keine enthielt irgendeinen Gruß, nur als Unterschrift ein A."

"Wie groß war der Sarg?"

"Lebensgroß. Er war wohl einige Zeit im Wasser. Ich hab

mir die Postkarten gründlich anschauen können. Die letzte kam aus Rio de Janeiro und trug einen Poststempel von vor achtzehn Monaten. An einem Griff des Sarges hing ein ausgefranstes Seil, einen Meter lang oder so. Der Sarg schien mit Steinen beschwert gewesen zu sein, da das Bleifutter nicht ganz ausreichte, ihn auf dem Meeresboden zu halten, aber im großen Sturm der letzten Woche hat er sich wohl losgerissen. Die Guardias und der Priester waren dabei, ihn zu überprüfen, als ich vorbeikam. Der Priester schien erschüttert bis ins Mark, und sogar die *Guardias* wirkten beunruhigt. Was hältst du von der Geschichte, alter Knabe?"

"Ach, nur so ein Streich," beruhigte ich Jack, "du würdest nicht glauben, was sich einige Mallorquiner für Streiche ausdenken und tatsächlich durchziehen!"

"Mir kommt es wie ein verdammt makabrer Scherz vor," nörgelte Jack, "aber schließlich ist man ja nur Engländer."

Ich möchte mich lieber nicht dazu äußern, ob ich glaube, daß Doña Acebos Tod durch Ertrinken lediglich ein Zufall gewesen ist. Bleiben wir bei den Tatsachen. Die Puppe im Sarg muß als ein Beweis dafür gelten, daß der Graf den Tod von Doña Acebo durch Hexenzauber herbeizuführen versuchte.

Tief im Inneren haben meine Mitbürger im Dorf keinerlei Zweifel daran, daß es ihm gelang. Selbstverständlich verurteilen sie sein Tun als unkatholisch. Aber er war heftigst provoziert worden, und was würde man sonst von einem Grafen von Deia, der zudem eine Bäuerin als Mutter hatte, erwarten? Nach außen hin geben sie dem Priester Recht: es war ein trauriger Unfall. Nach außen hin stimme ich ihnen zu.

Gott gebe Euer Ehren viele Jahre

Ich schlitzte den dünnen blauen Umschlag auf, zog einen noch dünneren, maschinengeschriebenen Zettel heraus und begann ihn ohne das geringste Interesse zu lesen. Aber ich schreckte zurück wie der Mann in Amos*), der seine Hand gedankenlos auf eine Mauer legt und von einer Schlange gebissen wird. Auf Spanisch stand dort:

Bezüglich einer Angelegenheit, die sich für Euer Ehren als von Interesse erweisen sollte, mögen Sie bitte die Güte haben, in Person an einem Werktag dieses Monats zwischen 10 und 12 Uhr in diesem Polizeihauptquartier zu erscheinen.

Betreff: Rücknahme Ihrer Aufenthaltsgenehmigung.

Gott gebe Euer Ehren viele Jahre!

Unterschrift: *Emilio Soundso*

Roter Stempel:
Polizeihauptquartier, Palma de Mallorca

Zwei oder drei Minuten lang saß ich da und grinste den häßlichen Zettel zynisch an: "*... para retirar la Autorización de Residencia ... .*" **)

Nun, das war's! Obwohl ich oft gewarnt worden war, daß in einem totalitären Staat alles passieren könnte, ohne Vorwarnung, ohne Gnade, ohne Sinn, hatte ich geglaubt, mir könnte das nie passieren.

*) Bibelzitat Amos 5.19: Denn des Herrn Tag ist Finsternis und nicht Licht, gleichwie jemand vor dem Löwen flieht und ein Bär begegnet ihm, und er kommt in ein Haus und lehnt sich mit der Hand an die Wand, so sticht ihn eine Schlange.

**) "... um die Aufenthaltsgenehmigung zurückzuziehen ..." mit einer im Wort "*retirar* = zurückziehen/-nehmen" – nur im Spanischen – vorhandenen Doppelbedeutung, worauf die Geschichte aufbaut. Lassen Sie sich überraschen.

Ich kam das erste Mal vor 25 Jahren nach Mallorca während der Diktatur von *Primo de Rivera* *), und ich blieb die ganze Zeit der darauf folgenden Republik hindurch. Dann, an einem schönen Sommertag im Jahre 1936 *) begann man damit, kleine Bomben und Flugblätter, in denen größere Bomben angekündigt wurden, auf Palma zu werfen. Soldaten holten die republikanische Flagge ein. Unbekannte junge Männer mit Gewehren fielen in unser Dorf Binijiny ein und hätten beinahe den Doktor irrtümlich als einen sozialistischen Politiker erschossen. Der Schiffsverkehr nach Barcelona war unterbrochen, Kaffee und Zucker verschwanden aus den Geschäften, es gab keine Post, und der britische Konsul kritzelte mir diese Mitteilung:

Lieber Robert,
heute nachmittag wird die H.M.S. Grenville britische Bürger evakuieren. Wahrscheinlich Ihre letzte Chance, Spanien sicher zu verlassen. Gepäck beschränkt auf eine Tasche. Empfehle dringend Ihr Erscheinen.
I.L.

In aller Eile packte ich meine Tasche mit Manuskripten, Unterwäsche und einem London gemäßen Anzug.

Eine Stunde später waren Kenneth, zwei weitere Freunde und ich im Taxi, das der Konsul uns vorausschauend geschickt hatte, auf dem Weg zum Hafen. Auf diese Weise wurden wir zu elenden Flüchtlingen, und elende Flüchtlinge blieben wir weitere zehn Jahre lang, bis der Bürgerkrieg sein blutiges Ende gefunden hatte, bis der zweite Weltkrieg ausgebrochen war und sein Leiden überall ausbreitete, und bis schließlich das Franco-Regime, befreit

---

*) *Primo de Rivera y Orbaneja, Miguel,* ein Armeegeneral, putschte im Einvernehmen mit dem spanischen König Alfons XIII. 1923 gegen die parlamentarische Regierung und errichtete eine Militärdiktatur (bis 1930). Im Jahre 1936 begann der spanische Bürgerkrieg.

von seiner Verpflichtung gegenüber den Achsen-Mächten, es für möglich hielt, unsere Rückkehr zu genehmigen. Leser, werde nie ein Flüchtling, wenn du es irgendwie vermeiden kannst, nicht einmal um den Preis einer letztendlich glücklichen Heimkehr mit einem Lufttaxi, bei der eine ganze Reihe unrasierter Dorfgesichter deinen brüderlichen Gruß erwartet. Bleib, wo du bist, küsse die Straße und, falls du sehr hungrig bist, iß Gras oder die Borke von den Bäumen. In möblierten Zimmer leben zu müssen und von Land zu Land zu reisen – England, Schweiz, England, Frankreich, die Staaten und wieder England – heimwehkrank und orientierungslos, auf der ständigen, aber erfolglosen Suche nach Ruhe, ist wahrlich des Teufels Schicksal. Das bringt die Geschichte nun auf den Stand von 1946.

Ich kam zurück nach Binijiny und fand, dank der Treue der Dorfbewohner, mein Haus nahezu genauso vor, wie ich es verlassen hatte. Einige zehn Jahre alte Gläser mit eingelegten grünen Tomaten waren wundervoll reif geworden ebenso wie ein Stapel des *Economist* und *Times Literary Supplement*. "Ende gut – alles gut", sagte ich mir. Ein Jahr später dann kam Kenneth zurück, und wir nahmen unsere gemeinsame Arbeit wieder auf. Und jetzt das!

"Para retirar la ... ." Aber warum? Ich gehöre keiner politischen Organisation an, bin kein Freimaurer, habe mich immer geweigert, für oder gegen eine bestimmte spanische Regierung zu schreiben, und wann immer Leute mich fragen: "Wie ist`s denn so auf deiner Insel?", antwortete ich vorsichtig: "Es ist nicht meine, es ist ihre Insel." Als ein Ausländer, der alle zwei Jahre einen Antrag auf Erneuerung seiner Aufenthaltsgenehmigung stellen muß, versuche ich, der perfekte Gast zu sein: ruhig, sachlich, neutral, dankbar und peinlich genau in Geldangelegenheiten. Welches Verbrechens könnte man mich bezichtigen? Hatte vielleicht jemand Anstoß genommen an einem meiner historischen Romane über die spanische Kolonisierung unter Philip II?

Oder an den Raketen, die ich an jedem 24. Juli abfeuere, der mein Geburtstag und zufällig auch der Jahrestag der Einnahme von Gibraltar ist? Hatte etwa ein Priester der Kathedrale mich denunziert, weil ich als Spanisch-Englisch Übersetzer bei einem traurig-komischen Solidaritätstreffen zwischen dem wohlgenährten protestantischen Chor des US-Flugzeugträgers *Midway* und der freudlosen, bedrängten Evangelischen Kirche Mallorcas fungiert hatte? Wo könnte ich das herausfinden? Die Polizei würde zweifelsohne eine Erklärung verweigern. Welche Mittel hatte ich, sie zu zwingen, mehr zu sagen als "Sicherheitsgründe", was ungefähr alles ist, das unser eigenes Innenministerium je verlauten läßt. Niemand hatte mich eingeladen, mich auf Mallorca niederzulassen. Fast jeder hat das Recht, gegen meinen weiteren Aufenthalt Einwände zu erheben. Das war also der Grund, warum sie so lange über meinem Antrag auf Erneuerung der verdammten Aufenthaltsgenehmigung gebrütet hatten. Meiner Frau würde vermutlich ein anderes Zuhause, Essen und Klima nichts ausmachen. Aber wie sollte ich Kenneth die Nachricht beibringen?

Obwohl ich ohne ihn geliefert sein würde, konnte ich kaum von ihm erwarten, daß er erneut mit mir ins Exil gehen würde. Der arme Kerl hatte während der zehn langen Jahre damals kaum einen frohen Tag.

Und was wäre, wenn unsere lange Verbindung ihn auch auf die schwarze Liste gebracht hat? Gerade jetzt, da er sich das Motorrad kaufen wollte?

Aber, warum zum Teufel, sollte ich das tatenlos hinnehmen? Nach 25 Jahren, nach all den Pfunden und Dollars, die ich hereingebracht hatte, und waren meine vier Kinder nicht beinahe mallorquinischer als die Mallorquiner? Ich würde mir ein Auto mieten, sofort nach Palma fahren, den Polizeichef aufsuchen und ihn sehr von oben herab fragen, wer für diese Sache verantwortlich sei, die entweder ein geschmackloser Streich oder eine grausame *atropellada* darstelle. (*Atropellada* hat in diesem Sinne keine einfache, gängige deutsche Entsprechung, denn es bedeutet, jemanden vorsätzlich auf der Straße überfahren). Hinterher würde ich die englische Botschaft in Madrid anrufen. Und die irische Botschaft. Und die amerikanische Botschaft. Und ... .

Da kam das Auto. Armer Kenneth! Ich armer, ich! Arme Kinder!

Es wird wohl England sein müssen, denke ich. Und London, obwohl ich in meinen vorhergehenden Flüchtlingstagen von Abzessen und Geschwüren geplagt wurde, als ich dort zu leben versuchte.

Meine Frau liebt London natürlich. Aber wie würden wir ein Haus finden können, das für uns alle groß genug und bezahlbar wäre?

Und wie stände es mit der Schule für die Kinder? Und einem Kindermädchen für das Baby? Und wer würde sich um unsere Katzen in Binijiny kümmern?

Ich hatte vergessen, daß heute ein Feiertag zu Ehren von San Sebastian, dem Schutzpatron von Palma war, und daß alle Büros geschlossen sein würden. Bis zum nächsten Tag konnte ich nichts tun. Zwischenzeitlich läuteten die Kirchenglocken, wurde ich von Schuhputzern belästigt, führten die *Guardias Civil* ihre eiförmigen Ausgehkappen und ihre grell-weißen Handschuhe aus, und das Volk zog ziellos in seiner Sonntagstracht durch die Straßen.

Als ich hilflos vor der Bar *Fígaro* stand, grüßte mich ein gepflegter Spanier und erkundigte sich höflich nach meiner Gesundheit, meiner Familie und nach meiner "eifrigen Feder", wobei er bemerkte, wie schade es sei, daß so wenige meiner Bücher in spanischer oder französischer Übersetzung erhältlich seien. Ich konnte ihn nicht einordnen. Er war wahrscheinlich ein Hemdenfabrikant oder ein Hotelportier oder ein Tennisclubvorsitzender oder ein höherer

Postbeamter, den ich an seinem angestammten Platz sofort wiedererkennen würde. Peinlich!

“Kommen Sie, Don Roberto, lassen Sie uns zusammen einen Kaffeee trinken!“ Ich willigte mürrisch ein, im Verdacht, er wolle mich, wie jeder andere auch, über zeitgenössische englische Literatur ausfragen. Aber, warum sollte ich nicht weiterhin diesen freundlichen, einfachen, gastlichen Leuten zu Willen sein?

Es war schließlich ihre Insel und nicht meine. Und die Bar *Fígaro* barg sentimentale Erinnerungen für mich. Wir setzten uns. Ich bot ihm meinen Beutel mit schwarzem Tabak und ein Päckchen *Marfil*-Blättchen an. Er rollte für uns beide Zigaretten, reichte mir meine zum Anlecken und Abzupfen, ließ sein Feuerzeug für mich schnappen und sagte: “Nun, ehrenwerter Freund, dürfen wir Ihren Besuch bald erwarten? Ich wagte es, Ihnen erst gestern eine offizielle Erinnerung zu schicken. Wann werden Sie Zeit haben, Ihre Aufenthaltserlaubnis – *para retirar la Autorización de Residencia* – aus unseren Akten in Empfang zu nehmen?

Sie wartet darauf – fertig unterschrieben – bereits seit Ende Oktober.*)

In meiner Dankbarkeit gab ich Don Emilio eine Stunde lang die fachmännischste literarische Analyse der Werke von englischen *gran-novelistas* wie Mohgum, Ootschley, Estrong und Oowohg, und versprach ihm, ihn nicht nur bei der erstbesten Gelegenheit aufzusuchen mit der notwendigen 1 Peseta 55 Céntimos Stempelgebühr, sondern ihm auch noch eine eingeschmuggelte argentinische Ausgabe von Lorcas Gedichten zu leihen.

Gott gebe ihm viele Jahre!

Welch eine schlaflose Nacht hatte er mir erspart!

---

*) siehe auch Fußnote **) auf Seite 110: die Bedeutung von "retirar" entsprach hier nicht dem üblichen Wortgebrauch "... um die Aufenthaltsgenehmigung zurückzuziehen/zu kassieren ...", sondern meint "... um die Genehmigung zurückzunehmen" im Sinne von "abholen".

Ein Fahrrad auf Mallorca

Es war nicht immer so. Mallorca war einmal die Insel mit der geringsten Kriminalität Europas. Als ich nach dem Ende des zweiten Weltkriegs mit meiner Familie hierher kam, hätte man eine Handtasche an einen Baum hängen und den Inhalt drei Monate später noch unversehrt vorfinden können. Es sei denn, jemand, der dringend Wechselgeld brauchte, hätte die kleineren Scheine gegen große getauscht.

Diesen Vormittag vergeudete ich in den zugigen Gängen des Stadtgerichts in Palma, weil das Fahrrad meines Sohnes William entwendet worden war. Vor einem Jahr hatte er es seinem jüngeren Bruder Juan geliehen, da dessen eigenes Fahrrad ... . Aber lassen wir Juans Fahrrad für einen Moment beiseite und widmen wir uns dem von William.

Beide hatten wir aus England importiert. Nun, radfahren, das können die Spanier, die heldenhafte Rennfahrer sind. Die Sterberate unter den Stars dieses Berufes liegt um einiges höher als bei Stierkämpfern. Im Hinterhof des Radklubs ist einem Mitglied in einer Nische ein Denkmal errichtet worden. Der Fahrer starb auf einer Bergstraße während des *Giro de España;* seine Pedalen und Schuhe hängen neben ständig brennenden Kerzen unter dem St. Christopherus.

Andere Mitglieder, die in weniger bedeutenden Rennen ihr Leben ließen, wurden nicht so verewigt. Aber wir Briten wissen wenigstens, wie man Fahrräder h e r s t e l l t, wobei ich betonen muß, daß ich keineswegs das spanische Handwerk schlechtmachen will. Es ist aber nun einmal so, daß die Briten auf diesem Gebiet die absoluten Fachleute sind und sogar in die anspruchsvollen USA exportieren. Die spanische Regierung gibt natürlich nicht zu, daß irgendein anderes Land auf der Welt irgend etwas besser als die Spanier machen kann, und es gehört ohne Zweifel zu den Aufgaben einer Regierung, die Leistungsfähigkeit der eigenen Industrie zu fördern. Unter diesen Umständen ist es sehr schwierig für einen Spanier oder für einen ausländischen Bewohner Spaniens (das ist, was zählt), britische Fahrräder zu importieren, insbesondere in Zeiten, da spanische Pfundreserven knapp sind. Der Importeur muß fünfzehn verschiedene Formulare je fünffach ausfüllen und dabei nicht nur seine persönlichen Daten, sondern auch die aller nahen Verwandten angeben. Und schließlich muß er noch überzeugend nachweisen, weswegen ihm ein britisches Fahrrad erlaubt werden sollte (trotz einer 100%igen Importsteuer), anstatt eines viel besseren, heimischen Gerätes, das nur die Hälfte kostet. Nachdem er fünfzehn Monate lang auf eine Antwort gewartet hat, währenddessen die Devisenreserven weiter geschmolzen sind, wird er wahrscheinlich eine Antwort wie diese erhalten:

“Wir bedauern es sehr, Ihnen mitteilen zu müssen, daß die Fahrradquote für letztes Jahr bereits erfüllt worden ist. Daher möchten wir Ihnen raten, die entsprechenden Formulare in fünffacher Ausfertigung für dieses Jahr auszufüllen.” Nur ist auch “dieses Jahr” bereits vor drei Monaten abgelaufen. Deswegen ist, wie ich von einem freundlichen Sachbearbeiter des Ordnungsamtes erfuhr, der Import eines britischen Fahrrads am einfachsten, wenn man mitsamt Fahrrad und dem fälligen Importzoll bar auf der Hand an der Grenze steht und auf Einlaß beharrt.

“Wenn Sie von Kindern begleitet werden,” verriet dieser freundliche Sachbearbeiter, “dann wird es keine Schwierigkeiten geben. Alle Spanier haben Verständnis für müde Familienväter, die eine lange Eisenbahnreise hinter sich haben.”

“Und wenn ich das Pech haben sollte, auf eine Ausnahme von dieser Regel zu treffen?”

“Dann sollten Sie es mit einem abgelegenen Grenzübergang in den Pyrenäen versuchen. Es kann vorkommen, daß die Zöllner der entlegenen Grenzstellen keine Informationen über die fälligen Zollsätze für Fahrräder haben, die von Einwohnern Spaniens importiert werden. Falls der Reisende sich als müder Familienvater erweisen sollte, dann könnten sie ihm dazu raten (so etwas soll tatsächlich vorgekommen sein), etwas Schmutz auf das Gerät zu schmieren, um es so in ein gebrauchtes zu verwandeln. Dann darf der Sohn als Sommerurlauber über die Grenze fahren."

Lange Rede ..., Williams Fahrrad haben wir letztendlich doch legal nach Mallorca gebracht. Das war 1949, und zuerst lief alles ohne Probleme ab. Das britische Fahrrad rief viel Bewunderung hervor, da es einen soliden Rahmen und, als einziges Fahrrad der Insel, Räder und Speichen aus Edelstahl hatte, dazu noch Bremsen, die tatsächlich bremsten, und eine moderne Dreigangschaltung. Aber dann, um 1951 herum, breitete sich unter britischen, französischen und amerikanischen Touristen die Vorstellung aus, Mallorca wäre die Insel der Liebe und der Ruhe, ein Paradies, wo die Sonne immer scheint und man für einen Dollar am Tag wie ein König leben kann, Getränke eingeschlossen. Eine Sintflut des Wohlstands brach über uns herein und trotz der Statistik, die besagt, daß nur drei Prozent dieser Paradiessuchenden wiederkommen, gibt es noch etliche weitere Millionen davon. Dies bedeutet selbstverständlich, daß Diebe, Bettler, Dealer, Betrüger, Gigolos, Abenteurerinnen, Perverse und diverses Gesindel aus der ganzen Welt ihren Weg hierher finden, und von dieser Horde bleiben mindestens siebenundneunzig Prozent. Ihre hinterhältigen Tricks laden eine unzumutbare Last auf die Schultern der sanften *Guardia Civil*. Ich betone, "sanft". Im großen und ganzen sind die *Guardias Civiles* sanft – und edelmütig, korrekt, mutig, ehrlich und pflichtbewußt, wahrscheinlich die einzigen Spanier, die nicht dem Minderwertigkeitskomplex unterliegen, der jeden befällt, der kein Stierkämpfer ist. Nicht einmal die Rennradfahrer sind dagegen immun. Mein ernster Rat wäre, sich nicht über die Dreispitz-Kappen der *Guardias Civiles* lustig zu machen oder sie "operettenhaft" zu nennen. Diese antiquierte Kopfbedeckung sitzt meistens auf den Köpfen von echten Männern.

Genau um die Ecke von unserer Wohnung in Palma gibt es eine Kaserne der *Guardia Civil*. Die Einrichtungen sind sehr asketisch, ähnlich denen in dem kürzlich abgerissenen Gefängnis in der Nähe von Boston – wie hieß es noch? Dort, wo es so viele Meutereien gab. Ich kenne zwei oder drei der *Guardias* persönlich, und meine Familie hat eine Dauereinladung zu ihrer sehr beeindruckenden Vorführung an jedem 1. März, dem Tag des Schutzpatrons der *Guardia*. Als dann eines Abends im Jahre 1952 Williams Fahrrad aus der Eingangshalle unseres Mietshauses – wir wohnen im zweiten Stock – gestohlen wurde, ging ich zu einem *Guardia*, den ich als ein dickes und schmutziges Baby aus dem Jahr 1929 in Erinnerung hatte, und bat ihn um sofortige Maßnahmen. Er rief einen Kollegen in Zivil, dessen Kinder mit meinen zusammen auf derselben Schule waren, und schickte ihn zum Zigeunerlager in der Nähe der Gaswerke. (Ein frühes Zeichen des Wohlstands auf Mallorca war der Zustrom vieler ungezügelter und malerisch-schlampiger Zigeuner aus dem Süden Spaniens.) Das Lager, mit seinen niedrigen, unverputzten und türlosen Steinhütten mit Dächern aus Treibholz, Lumpen und rostigem Blech, ist der Ort, wo man normalerweise anfangen würde, nach einem gestohlenen Fahrrad zu suchen. Diesmal ohne Erfolg. Aber als der Zivilfahnder zurücktrottete und bereits in Sichtweite der Kaserne war, welche die Inschrift "Alles für das Vaterland" trägt, schoß ein Fahrrad quer über die Straße, streifte den Beamten und krachte gegen einen Lichtmast. Der Fahrer, ein geistig minderbemittelter junger Mann aus Menorca, war arg ramponiert und

Williams Fahrrad auch. Der arme Kerl kannte sich mit der Dreigang-Schaltung nicht aus, wechselte den Gang, als er an der Kaserne vorbeiradelte, ohne beim Treten der Pedalen zu pausieren, brach ein Zahnrad der Schaltung und verlor die Kontrolle, das Gleichgewicht, das Bewußtsein und seine Freiheit.

Ich mußte eine lange Anzeige gegen den jungen Mann unterschreiben und auch für den sicheren Verbleib des Fahrrads bürgen. "Vergessen Sie bitte nicht," sagte der Leutnant, "daß das Fahrrad als Beweisstück vorgeführt werden muß, wenn der Verbrecher vor Gericht erscheint. Da wir Sie gut kennen, können Sie es vorübergehend behalten, aber passen Sie gut darauf auf!"

Die Wohlstandswelle hat die Justiz derart überfordert, daß der Fall immer noch auf der Warteliste steht. Gefangene werden zwar prinzipiell gegen Kaution freigelassen, da aber der Menorquiner nicht einmal in der Lage war, für die Schäden an Williams Fahrrad aufzukommen, wird er wohl

– falls er nicht seinen Verletzungen erlegen ist – immer noch in irgendeinem Gefängnis weilen. Ich weiß nur soviel, daß die örtliche Presse zu diesem Thema schweigt. Ein junger englischer Bekannter von mir lernte vor kurzer Zeit ein Gefängnis in Palma von innen kennen, als er wegen Trunkenheit und Waffenbesitz eingesperrt wurde. Nachdem der Gouverneur ihn als Ausgleich für irgendeinen obskuren Gefallen des britischen Konsulates freigelassen hatte, bekam ich einiges über das Gefängnis zu hören. Ein Gefangener etwa konnte seine Freiheitsstrafe um einen Tag kürzen für jeden Tag, an dem er freiwillige Arbeit leistete. Dies bedeutete, er hatte Körbe aus Palmblättern zu flechten, die als Souvenirs für Touristen mit der Aufschrift "Andenken an Mallorca" und mit einigen farbigen Bastblümchen verziert werden. Überstunden an Sonn- und Feiertagen brachten sogar zwei Tage Verkürzung. Der einzige Gefangene, der es außer dem Engländer ablehnte zu arbeiten, war ein Taschendieb aus Valencia, der wegen verschiedener Delikte zu insgesamt einhundertundachtzig Jahren verurteilt worden war. Der Beschreibung meines Freundes nach schien es in bezug auf Betten, Sanitäreinrichtungen und soziale Einrichtungen ein sehr veraltetes Gefängnis zu sein: "Reinstes achtzehntes Jahrhundert, ein regelrechtes Sammlerstück." Verboten waren Kartenspiele, Alkohol, unseriöse (d.h. andere als religiöse) Bücher und amerikanische Zigaretten. Unten den elf Verbrechern, mit denen er die Zelle zu teilen hatte (die drei Betten wurden in vier Schichten belegt), waren keine Mallorquiner, da diese nur selten Verbrechen begehen (es sei denn, Schmuggel wäre als Verbrechen zu betrachten, eine Frage, die hier offengelassen werden muß). Außerdem können Mallorquiner immer darauf rechnen, daß ihre Verwandtschaft die Kaution stellt.

Na ja, wenn der Fahrrad-Fall entschieden wird, vielleicht sogar noch in diesem Jahr, und der Menorquiner eine zehnjährige Freiheitsstrafe erhält, wird er den Gerichtssaal als freier Mann verlassen, mit einem erlernten Beruf und Geld in der Tasche: Geld in Höhe von einem Cent für jeden Korb, den er geflochten hat, abzüglich der einen oder anderen Tasse Kaffee oder Rasur. Wir haben das Fahrrad mittlerweile repariert, indem wir seine Pedale ersetzten und es mit spanischen Scheinwerfern und spanischem Schutzblech ausrüsteten, da die ursprünglichen Teile den Geist aufgegeben hatten. Die Dreigangschaltung ist nicht mehr das, was sie mal war, aber das Fahrrad fährt noch, trotz weiterer Pannen, von denen noch zu erzählen sein wird.

Jetzt aber zu Juans Fahrrad, dessen Einfuhr auch legal war, oder doch beinahe. Wir suchten eines mit einer feuerwehrroten Farbe aus, damit es leicht wiederzufinden wäre, da die Wohlstandswelle immer höher schwappte und wir nicht wollten, daß es gestohlen würde. Juan, der äußerst penibel ist, hütete das Fahrrad wie seinen Augapfel, reinigte es täglich mit öligem Lappen, Tuch und Sattelseife. Unglücklicherweise meldeten wir ihn bei der – nennen wir sie – San Rokoko Schule an, die angeblich die beste Jungenschule Palmas sein soll. Juan ist nun mal evangelisch, und die würdigen Pfarrer, die San Rokoko betreiben, versuchten aus ihm einen Katholiken zu machen, genauso wie sie es gerade vorher mit einem kleinen Dänen, zwei kleinen Deutschen und einem anderen kleinen Engländer gemacht hatten. Aber Juan, dessen Blut von beiden Seiten der Familie tief protestantisch gefärbt ist, blieb stur. Die verärgerten Priester entzogen ihm darauf ihren väterlichen Schutz, und bald wurde Juan von einer Gruppe seiner Klassenkameraden angegriffen. Da England Spanien im Fußball mit 4:1 geschlagen hatte, warfen diese patriotischen Buben den englischen Stürmern und Juan unsportliche Spielweise vor. Sie traten zwei Speichen seines Fahrrades heraus, warfen seinen Ball über eine Mauer, demolierten den Dynamo und entwendeten seine Pumpe. Als Erklärung muß gesagt werden, daß sie keine Mallorquiner waren, sondern Söhne von neureichen Galiziern, die vermehrt nach Palma kamen, und daß der spanische Torhüter auch Galizier war.

"Die Jugend übertreibt manchmal," seufzte Pater Blas, als ich mich bei ihm beschwerte. "Es wäre beinahe unmöglich, die Namen der Schuldigen festzustellen, da wir in San Rokoko nicht viel vom Petzen halten. Außerdem mangelt es Ihrem Sohn an der rechten Einstellung zu unseren christlichen ... ."

Also ließen wir Juans Fahrrad auf unsere Kosten reparieren, aber es wurde früh an einem Montag Morgen aus dem Schuppen des Schulgebäudes gestohlen, während er im Unterricht war. Am selben Abend ging ich zu Pater Blas, um mich zu beschweren. Er strahlte freundlich und wollte die Sache überhaupt nicht ernst nehmen. Er zweifelte nicht daran, daß einer seiner neckischen Schüler meinem Sohn einen harmlosen Streich spielte. Die Lösung, so Gott wolle, würde sich am nächsten Tag von selbst ergeben, und ich bräuchte mich wirklich nicht zu beunruhigen, da der Schuppen unter Obhut eines zuverlässigen Studenten der Theologie stehe. "Falls es morgen nicht auftaucht," sagte ich, "melden Sie bitte den Fall unverzüglich der *Guardia Civil.* Meine Frau und ich fliegen heute abend noch nach Madrid und können uns selbst nicht darum kümmern. Juans Fahrrad ist sehr auffällig, und selbst wenn es anders angestrichen wäre, ..."

"Aber das ist doch kein Thema, verehrter Herr! Was Sie da sagen, ist absolut logisch," warf Pater Blas ein. Juan erhielt sein feuerwehrrotes Fahrrad aber nicht von einem neckischen Mitschüler zurück. Am Montag darauf wurde noch eins gestohlen und am folgenden Montag noch einmal fünf – alles Fahrräder evangelischer Schüler. Nach meiner Rückkehr aus Madrid suchte ich Pater Blas auf und fragte ihn nach Neuigkeiten. Er gab zu, bislang noch keine konkreten

Schritte eingeleitet zu haben, da die Schule sich derzeit strengen geistlichen Übungen widme (das war ein auf den widerspenstigen Juan gerichteter Seitenhieb). Aber morgen werde der besagte zuverlässige Student auf alle Fälle die *Guardia Civil* über das geheimnisvolle Verschwinden der Fahrräder informieren.

Darauf erwiderte ich, daß, wenn Juan sein legal eingeführtes britisches Fahrrad nicht innerhalb von zehn Tagen zurückbekäme, ich von San Rokoko eine Zahlung in Höhe des Fahrradwerts inklusive Zollabgaben erwartete, das hieße zweitausend Peseten, umgerechnet um die fünfzig Dollar. Pater Blas reichte mir freundlich die Hand zum Abschied. Er werde mir ein Schreiben zukommen lassen, sobald er sich mit seinen geistlichen Kollegen beraten hätte. Kurz vor dem Ende des Semesters bekam ich seine Antwort zusammen mit dem Bescheid über das Schulgeld. Ich wurde sehr knapp informiert, daß, nach Meinung der von der Schule engagierten Rechtsanwälte, dieselbe keine Verantwortung für das Verschwinden der Fahrräder aus ihrem Schuppen übernehmen könne, da von den Schülern keine Sondergebühren für das Privileg, die Fahrräder während der Schulzeit dort aufzubewahren, erhoben worden seien.

Auf Mallorca lernt man schnell, niemanden wegen so einer Kleinigkeit wie eines Fahrrads vor Gericht zu zitieren, da solche Verfahren, wie ich wußte, weit mehr als das Fahrrad selbst kosteten.

Mindestens ein oder zwei Jahre würden ohnehin vergehen, ehe die Klage vor Gericht verhandelt würde. Als ich die Sachlage mit meinem Friseur besprach, meinte er, hinzu käme der Umstand, daß die Kirche sowieso gewänne. Sie habe immer gewonnen, außer unter den unmoralischen liberalen Regierungen des frühen 19. Jahrhunderts und unter der genauso unmoralischen der Republik. Also nahm ich

Juan einfach von der Schule, schrieb ein höfliches Dankeschön an Pater Blas für die Sorgfalt, die er der Erziehung meines Sohnes gewidmet habe, und zahlte das Schulgeld nicht. Dies war in zweifacher Hinsicht wirksam: San Rokoko würde mich niemals verklagen, da dies viel mehr als den Wert des Schulgeldes gekostet hätte. Außerdem bekäme die Schule Probleme mit meiner Gegenklage wegen des Fahrrads, da mein Anwalt – als Nachweis für die Nachlässigkeit der Schule – die sechs weiteren Diebstähle zitieren würde.

Seitdem wird Juan meistens zu Hause unterrichtet, obwohl er Französisch bei der *Alliance Française* lernt. Und da William derzeit in England zur Schule geht, erlaubt er ihm solange die Benutzung seines Fahrrads: "Aber wenn du nur ein einziges Mal vergißt, es mit Kette und Schloß zu sichern, während ich weg bin, dann bringe ich dich um!"

Damit wären wir im Jahre 1957, als ich in den USA Vorträge halten sollte. Meine mallorquinischen Freunde machten sich Sorgen wegen der Reise ins Land der Gangster, Neurotiker, Indianer und Hilfssheriffs, die sie so gut aus dem Kino kannten. Ich hatte den Eindruck, daß die Gläubigsten unter Ihnen ihrem Schutzheiligen sogar Kerzen für mich spendeten. Bei meiner Rückkehr wurde ich lautstark begrüßt und erhielt eine respektvolle Würdigung in der lokalen Presse, als ich mit Armen voller Beute (Süßigkeiten, Nylonstrümpfen, Polaroid-Filmen, Ballettschuhen und einem Schrumpfkopf aus Panama) wieder nach Hause kam ... . Zu meiner Erleichterung fand ich Williams Fahrrad am Pfosten unserer Treppe angekettet und abgeschlossen.

Als ich mich am nächsten Morgen um acht Uhr ohne Eile fürs Frühstück fertigmachte (im Anschluß war die Wiederholung der Lateinübungen vorgesehen, die Juan in meiner Abwesenheit erledigt hatte), wurde ich durch einen Schrei und furchtbaren Lärm aufgeschreckt. In der Annahme, daß

Juan den Schrumpfkopf nach echter Indianerart feierte und dabei aus Versehen den Geschirrschrank umgeschmissen hatte, schrie ich "Hör auf damit!"

Juan erschien mit einem erschrockenen Gesichtsausdruck. "Das ist draußen," sagte er. "Ich glaube, sie sind wieder am Streiten."

Im Treppenhaus unseres Mehrfamilienhauses hatte zwei Jahre zuvor eine blutige Schlacht stattgefunden. Ein anständiges mallorquinisches Ehepaar aus dem zweiten Stock beschwerte sich über die unablässigen Flamenco-Lieder des Hausmädchens, einer nicht aus Mallorca stammenden Frau, die unter ihnen wohnte. Nun, kein Mensch auf Mallorca singt oder tanzt Flamenco außer Zigeunern, Mädchen aus dem Rotlichtviertel oder ab und zu amerikanischen Touristinnen, die sich Kastañetten kaufen und – als Rechtfertigung für die Schals, Kämme und Ohrringe, die sie aus Sevilla mitgebracht haben – an einer Schule, die wir *Pascualita Pastisis,* Schule für spanischen Tanz, nennen wollen, Unterricht nehmen. Unser mallorquinische Ehepaar nun sagte etwas Abschätziges über das Flamenco singende Mädchen, woraufhin dieses sich auf sie stürzte, der Frau tief in die Hand biß und dem Mann ein Fußgelenk brach. Ihre Arbeitgeber, denen dieses Paar ohnehin verhaßt war, da die uralte Nähmaschine von deren Tante bis tief in die Nacht die Decke über ihren Köpfen erschüttern ließ und deren Kind den ganzen Tag lang mit Kegeln spielte, schauten untätig zu. Die ganze Straße geriet wegen dieses Zwischenfalls etwas in Verruf.

Aber mit dem Streit von damals kann dieses hier nichts zu tun haben, dachte ich, als ich hastig meine Schuhe anzog. Die Flamencosängerin und ihre Herrin waren schon lange weggezogen, und das Haus hatte seinen guten Ruf wieder zurückgewonnen. Soweit mir bekannt, waren wir die einzigen Nicht-Mallorquiner, die noch dort wohnten.

Ich lief aus der Wohnung und blieb auf dem Treppenabsatz stehen. Als ich das eiserne Treppengeländer berührte, fiel mir ein Tropfen Blut auf die Hand, und ich hörte über mir ein Geräusch wie Gurgeln. Ich schaute nach oben. Ein Stockwerk höher stand ein junger Mann mit verzerrten Gesichtszügen, wilden Augen und blutiger Stirn auf dem Treppengeländer und setzte an, sich noch ein zweites Mal hinunterzustürzen. Ich rief ihm auf Spanisch zu: "Komm da `runter und reiß dich zusammen!", aber er schrie laut auf und sprang. Als er an mir vorbeiflog, versuchte ich, ihn zu packen, aber er war zu schwer: er sauste hinunter bis zum Erdgeschoß, landete auf dem Fahrrad mit dem gleichen höllischen Lärm, der mich nur eine Minute zuvor so erschreckt hatte, rollte auf den Boden und blieb still liegen.

Im zweiten Anlauf schien der Selbstmordversuch erfolgreich gewesen zu sein. Das einzige, was ich über Erste Hilfe weiß, ist, wie man einen Verband auf eine Schußwunde an den Gliedmaßen anbringt (das hatte ich im 1.

Weltkrieg gelernt), und wie man Morphium verabreicht, falls Schlimmeres passiert ist. Also rannte ich die Treppen hinunter, aus der Haustür und um die Ecke zur Kaserne der *Guardia Civil.* Dem wachhabenden Guardia berichtete ich außer Atem: "Ein Mann hat gerade versucht, sich vor meiner Wohnungstür umzubringen. Rufen Sie einen Arzt!"

"Einen Moment, mein Herr! Wollen Sie Anzeige erstatten? Wenn ja, dann müssen Sie warten, bis das Büro aufmacht. Der diensthabende Unteroffizier hat noch nicht gefrühstückt."

"Nein, nein! Es geht auf Leben und Tod, und obwohl ich es außerordentlich bedauere, den Unteroffizier beim Frühstück zu stören ... ."

"Ist Ihnen diese Person persönlich bekannt?"

"Nein."

"Handelt es sich vielleicht um einen Ausländer?"

"Das kann ich nicht sagen. Das wichtigste ist, daß man einen Arzt holt."

"Die Verantwortung dafür kann ich nicht übernehmen. Wer soll ihm die Rechnung bezahlen? Warum holen Sie den Arzt nicht selbst? Versuchen Sie es beim Pflegeheim, hier die Straße runter. Das wäre bestimmt schneller, als den Unteroffizier zu wecken und ihn zu bitten, den Leutnant zu wecken."

Sein Logik leuchtete mir ein, also rannte ich zum Pflegeheim. Zufälligerweise parkte davor gerade ein Auto mit der Aufschrift ARZT. Als der Fahrer ausstieg, sprach ich ihn an: "Bitte kommen Sie mit, Herr Doktor. Es sind nur hundert Meter. Ein Mann ist aus dem dritten Stock gesprungen und auf dem Steinfußboden gelandet."

"Lassen Sie mich die Schwestern benachrichtigen," sagte er. "Ich selbst bin nur Psychiater und habe seit Jahren niemanden mehr praktisch behandelt."

Ich dankte ihm für seine Freundlichkeit. Jetzt aber, dachte ich, galt es, den Verrückten da zu allererst auf eine Matratze und unter eine Decke zu bringen, falls er noch am Leben war. Ich kam wieder zur Unglücksstelle zurück und fand dort eine Ansammlung tratschender Nachbarn vor, aber das Opfer war nicht mehr zu sehen. Der Mann hatte sich wohl genügend erholt, um die zwei Stockwerke wieder hochzukriechen und einen dritten mutigen Anlauf für seinen Todessturz zu nehmen, aber Juan hatte den Rest meiner Familie zusammengerufen, und alle hielten den Mann fest, bis Hilfe kam. Dann nahm die Hebamme, die mit uns im Haus wohnt und reichlich Erfahrung in Sachen "aufgeregte Ehemänner" hat, die Situation in die Hand.

Nachdem wieder Ruhe eingekehrt war, erschienen einige *Guardias Civiles*. Der verhinderte Selbstmörder erwies sich als ein angesehener mallorquinischer Kaufmann und behauptete, sein Anfall sei durch eine Anti-Grippe-Impfung verursacht, die ihm ein französischer Arzt vor einigen Tagen in Marseille verpaßt hätte. So fiel es dem Unteroffizier leicht, den Zwischenfall als einen bedauerlichen Verlust des Gleichgewichts zu Protokoll zu geben, den *Señor Pedro Tal y Cual* erlitten hätte, als er nach einem Besuch bei Geschäftsfreunden im dritten Stock die Treppen hinabgestiegen sei. "Jegliche nennenswerte Beschädigung Ihres Fahrrads," sagte mir der Unteroffizier, "wird selbstverständlich durch den bedauernswerten Herrn selbst ersetzt, gegen den Sie hoffentlich keine Anzeige erstatten werden."

"Keineswegs, keineswegs," erwiderte ich. "Er ist doch unser Nachbar und stammt aus Palma. Kriminelle Absichten lägen ihm mit Sicherheit fern."

"Diese britischen Fahrräder sind wirklich stabil gebaut," meinte der Schmied bewundernd, als er die Gabel wieder richtete. "Wäre es eins von unseren, hätte der Kaufmann nicht vom Rahmen abprallen können. Wie geht es dem armen Kerl übrigens?"

“Ich hörte, er hat Kopfschmerzen und einen Kratzer am Ellbogen.”

“Welch Wunder!”

“Dieses Fahrrad hat Geschichte gemacht,” berichtete Juan dem Schmied. “Es hat einen Mann ins Gefängnis gebracht und einem anderen das Leben gerettet.”

Nicht ganz eine Woche später wurde das Fahrrad aus dem Verschlag der *Alliance Française* gestohlen, als Juan im Abendunterricht saß. Er ging schnurstracks zur Kaserne der *Guardia* und zeigte den Verlust an. “Verschwinde, Junge,” sagte man ihm. “Du bist zu jung, um ordnungsgemäß Anzeige zu erstatten. Außerdem hat das zuständige Büro bis morgen geschlossen. Sag' deinem Lehrer, er soll mit dir um zehn Uhr hier herkommen.”

Juan erschien als ein Häufchen Elend zu spät zum Abendessen. “Williams Fahrrad ist geklaut worden,” schluchzte er, “und er hat gesagt, er bringt mich um ... .”

“War es nicht angekettet?”

“Nein, das ist das schlimmste daran. Als ich zur Schule fuhr, fiel mir ein, daß ich die Kette und das Schloß vergessen hatte, also kehrte ich zurück, aber dann konnte ich mich nicht mehr daran erinnern, was ich vergessen hatte, und ich raste wieder zurück zur Schule und hoffte, es würde alles gutgehen. Verdammt!”

Wir gaben Juan Wurst und Kaffee und eilten zum Hafen hinunter. Das Nachtschiff nach Barcelona hatte noch nicht abgelegt. An der Eingangssperre fragte ich den Unteroffizier der *Guardia Civil,* ob ein Fahrrad englischen Typs zufälligerweise dort durchgekommen wäre. “Uns ist gerade eins gestohlen worden”, erklärte ich. “Manchmal, so habe ich gehört, klauen Diebe Fahrräder und bringen sie in letzter Minute an Bord, weil sie wissen, daß Anzeigen so spät am Abend nicht mehr aufgenommen werden.”

“Nein, mein Herr. Kein solches Fahrrad hat diese Sperre passiert. Aber Sie sind nicht richtig informiert. Da wir in einer Zeit des Wohlstandes leben, geben sich die Hehler in Barcelona mit weniger als gestohlenen Motorrädern nicht mehr zufrieden.”

“Wir werden das gute alte Fahrrad nie wiedersehen,” klagte Juan. “Wenn William zu Ostern nach Hause kommt, werde ich mich vor ihm verstecken müssen.”

Da es gelegentlich vorkommt, daß Fahrräder nur für eine einzige Spritztour gestohlen werden, bevor man sie irgendwo abstellt, suchten wir das Fundbüro im Rathaus auf, wo die Polizisten sie hinbringen.

Fehlanzeige.

Der Mann am Schalter riet uns davon ab, der *Guardia Civil* den Verlust zu melden. “Falls sie das Fahrrad doch finden, werden Sie es niemals wiedersehen, da es bis zur Gerichtsverhandlung als Beweismaterial beschlagnahmt bleibt.”

“Aber lieber später als nie, meinen Sie nicht?” fragte ich.

“Ich fürchte, das macht keinen Unterschied, mein Herr,” erwiderte er pessimistisch.

Leider nahm ich seinen Rat nicht an. Obwohl die *Guardia Civil* mittlerweile den Gefangenen aus Menorca vergessen hatte, und sie nur einen Selbstmordversuch mit dem Fahrrad in Verbindung brachten, mußte ich trotzdem den Verlust zu Protokoll geben. Und am nächsten Tag fand Juans bester Freund aus der *Alliance Française* das Fahrrad: zurückgelassen gegen eine Mauer gelehnt, in einer verrufenen Gasse ziemlich weit entfernt von der Schule. Das Ereignis feierten wir mit einem kleinen Festessen.

Es erschien aber alsbald ein *Guardia Civil,* der wissen wollte, ob sich das Fahrrad wieder angefunden hätte. Wir berichteten ihm, daß es sich – dem Himmel sei Dank! – wieder in unserem Besitz befände.

“Mein Freund, der Pepe, hat es in der Calle Aceitunas gefunden,” sagte Juan.

“Wer ist dieser Pepe? Wie ist sein Nachname und wo wohnt er?”

Ich bekam heute eine gerichtliche Vorladung in Sachen “sechsundneunzigste Fahrradentwendung des laufenden Jahres, Beweisaufnahme unter Androhung eines Bußgeldes bei Nichterscheinen.” Vielleicht, dachte ich bei mir, fährt unser neuer Gouverneur eine härtere Gangart, und der Leutnant hat den Verdacht, Juans Freund Pepe hätte das Fahrrad selbst entwendet. Ich bin mir nicht sicher, ob der Unterschied zwischen “Entwendung” und “Raub” in Spanien und in den Vereinigten Staaten der gleiche ist. Wäre der Verschlag wirklich abgeschlossen gewesen, oder hätte Juan daran gedacht, das Fahrrad abzuschließen, und hätte der Dieb es mit Gewalt in seinen Besitz gebracht, dann wäre das Raub gewesen, und das hätte dann noch ein paar Jahre Gefängnis mehr bedeutet.

Ich habe Pepe lange nicht mehr gesehen, aber ich erwarte auch nicht, daß ich ihn bald in der Begleitung von zwei *Guardias Civiles* sehen werde.

Obwohl er kein “anständiger Mallorquiner” ist, (denn das würde ihn von allen Verdachtsmomenten befreien), nimmt er sogar eine noch bessere Stellung ein: sein Vater ist der neue Hauptmann bei der anderen *Guardia Civil* Kaserne, ein knallharter Kerl aus der *Estremadura**).

---

*) Region im Südwesten Spaniens an der Grenze zu Portugal.

Trin-Trin-Trin

– Trin-Trin-Trin
– Ja, bitte!
– Bin ich mit dem Haus von Graves verbunden? Ist Don Roberto zu sprechen?
– Am Apparat! Mit wem spreche ich, bitte?
– Don Blas Mas y Mas.
– Bitte tausendmal um Entschuldigung, Don Blas. Wegen der schlechten Telefonverbindung konnte ich nicht heraushören, daß Sie es sind.
– Wie befinden Sie sich, Don Roberto?
– Ganz ausgezeichnet, dem Himmel sei Dank!
– Ich bin entzückt. Und Ihre charmante Gattin?
– Leider ist sie ein wenig indisponiert.
– Das bedauere ich sehr. Und die vier hübschen Kinder?
– Zur Zeit recht wohl, dafür danke ich den Heiligen. Ich bin überwältigt von Ihrem freundlichen Interesse. Aber, wie geht es Ihnen, Don Blas?
– Mir ist etwas Dummes passiert. Ich spreche aus der Privatklinik meines Onkels, denn ich habe mir den Arm mehrfach gebrochen.
– Ehjehjeh! Das tut weh! Was für ein höchst unangenehmer Vorfall. Ich wette, es hat irgend etwas mit einem Motorrad zu tun.
– Absolut korrekt, Don Roberto!
– Läßt Ihr Arm es zu, daß Sie mir den Hergang des Unfalls schildern?
– Dies gegenüber einem so wahren und mitfühlenden Freund, wie Ihnen Don Roberto, zu tun, würde eine Linderung meiner Schmerzen bedeuten, die mir doch in der Tat sehr zu schaffen machen. Nun, alles begann beim St.

Antonio Fest, als ich zusammen mit dem schamlosen Räuber Francisco Ferragut den Borne entlang spazierte.

– Sie meinen doch nicht etwa den berühmten Radrennfahrer, der die *Tour de Mallorca* gewonnen hat?

– Genau den. Wie Sie wissen, ist Francisco ein berüchtigter Spaßvogel. Auf dem Borne sagte er plötzlich zu mir: "Jetzt schau mir mal zu, wie ich Kuchen esse." Ich antwortete: "Ist das so etwas Besonderes?" Er erklärte, es sei nicht die Art und Weise, wie er den Kuchen essen werde, sondern die Tatsache, daß er dies ohne Bezahlung tun werde. Völlig umsonst! Wir überquerten die Straße, und dort betrachtete er das Schaufenster eines Reisebüros. Ich fragte ihn: "Müssen wir erst nach Schweden fliegen, um in den Genuß deines Kuchens zu kommen?" "Geduld!" antwortete er. "Alle Angler müssen warten, bis ein Fisch anbeißt." Bald darauf kam ein Dienstmädchen vorbei und betrat mit einem Tablett die *Widow Dot* Konditorei. Francisco sagte: "Den Fisch werd` ich mir schnappen."

Pause

– Sind Sie noch dran, Don Roberto?

– Ich höre Ihnen aufmerksam zu. Fahren Sie fort!

– Und Sie erinnern sich, welcher Tag es war?

– Wenn ich mich nicht irre, erwähnten Sie San Antonio.

– Genau. Nun, als das Mädchen mit einem Tablett voller feinstem Gebäck wieder herauskam, hielt er sie an und sagte: "Schönes Kind, ich erkenne Sie wieder. Sie arbeiten doch im Hause von Don Antonio ..? Don Antonio ... wie war noch sein Name? Verdammt, was ist nur heute mit meinem Gedächtnis los?" Das Mädchen kommt ihm zaghaft zu Hilfe: "Er heißt Don Antonio Amaro", und Francisco ruft aus: "Natürlich, wie konnte ich das vergessen! Don Antonio Amaro! Aber du, jetzt höre mir bitte genau zu, denn ich habe eine äußerst wichtige Nachricht für Don Antonio. Richte ihm aus, daß Dr. Eusebio Busquets es zutiefst bedauert, nicht der Einladung Don Antonios zur Feier seines Namenstages, die ihm gestern zugegangen sei, Folge leisten zu können, Doktor Eusebio Busquets – verstehst du? – denn er sei genötigt, sich zu selbiger Stunde, zu der die Feier angesetzt wurde, einer schwierigen Halsoperation zu unterziehen. Nichtsdestoweniger versichere ihm bitte, daß ich mir hier und jetzt die Freiheit genommen habe, mit einem dieser köstlichen Kuchenstücke auf seine Gesundheit zu essen." Mit diesen Worten schnappt er sich das größte und cremigste Törtchen vom Tablett, stopft es sich in den Mund und sagt unter heftigem Kauen: Und vergiß` bitte den Namen nicht: Dr. Eusebio Busquets!"

– Ich bin nur ein dummer Engländer, ich verstehe noch nicht ganz, was das mit Ihrem Unfall ... ?

– Dazu komme ich jetzt. Weil ich es nicht ertragen konnte mit anzusehen, wie Francisco denselben Trick an zwei Dutzend unschuldigen Dienstmädchen ausprobierte, die mit ihren Tabletts aus allen großen Häusern in der Nachbarschaft erscheinen würden, um Kuchen für ihren jeweiligen Don Antonio zu holen, rief ich ein Taxi und fuhr dem Mädchen hinterher ... .

– Die natürlich bildhübsch war ... , wie alle Mädchen in Ihren Geschichten.

– Sie war keine Ausnahme. Und nachdem ich sie eingeholt hatte, überreichte ich ihr ein Törtchen von der gleichen Art wie das, welches ihr entwendet worden war, und erklärte ihr, daß Don Francesco ein Räuber und ein Scharlatan et cetera, et cetera sei, und daß ich mit ritterlichen Absichten gekommen sei, sie davor zu bewahren, sich vor ihrem Arbeitgeber lächerlich zu machen und obendrein noch drei Pesetas von ihrem Lohn abgezogen zu bekommen ... .

– Um es kurz zu machen, Sie fragten sie, wann ihr freier Nachmittag sei, an dem Sie mit ihr einen kleinen Ausflug mit Ihrem neuen Motorrad unternehmen könnten?
– Sie sind gar nicht so dumm, wie Sie immer tun, Don Roberto!
– Und schließlich sind Sie mit ihr auf dem Sozius verunglückt?
– Eins nach den anderen, bitte! Nein, nein, das wäre eine zu vulgäre und alltägliche Geschichte!
– Bitte tausendmal um Entschuldigung, lieber Don Blas. Natürlich würde Ihnen nichts Vulgäres oder Alltägliches in Ihren amourösen Abenteuern unterlaufen.
– Machen Sie sich nicht über mich lustig. Ich leide große Schmerzen! Aber hören Sie weiter, es war in der Tat eine Komödie!

Drei Tage später traf ich mich mit dem Mädchen gegen zwei Uhr nachmittags an der Kavallerie-Kaserne. Sie stieg hinten auf, und ich fuhr los. Wir donnerten mit einem Höllenlärm die Uferstraße entlang, aber als wir das Hotel Mediterráneo erreichten, sagte sie: "Mein Freund, entschuldige mich bitte, aber ich muß für einen Augenblick absteigen." Ich fragte nicht warum, denn diese Frage hätte ein solch einfaches Mädchen vielleicht in Verlegenheit gebracht. Ich hielt einfach an und ließ sie gehen. Sie überquerte die Straße, und während ich mir in der Zwischenzeit eine Zigarette anzündete, hörte ich das Geräusch eines startenden Motorrads. Ich drehte mich beiläufig um, so daß ich die Marke vielleicht erkennen könnte, da sah ich Francisco Ferragut mit meinem Schatz auf dem Sozius seines Rennstuhls an mir vorbei zurück in Richtung Palma krachen, und sie winkte mir noch zu.

– Oh la la! Ganz schön heftig für ein einfaches Mädchen, nicht wahr?

– Ich gebe zu, ich war verärgert und machte mich an ihre Verfolgung. Francesco hatte 100 Meter Vorsprung, aber er ist ein cleverer Bursche und vertraute darauf, daß er mir entwischen würde, denn seine Maschine war stärker als meine – andererseits mußte seine das doppelte Gewicht tragen. Was dann folgte, war eine absurde Verfolgungsjagd durch die Straßen von Palma, wo offiziell eine Geschwindigkeitsbegrenzung von 20 km/h gilt. Wir zogen jeder meisterhaft ab mit mindestens 140 Sachen, was auf beiden Straßenseiten mächtig Eindruck machte, bis wir die Barón de Pinopar-Abzweigung erreichten.

Da scherte ein khakifarbenes Militärauto ein, erwischte mein Rücklicht und versetzte die Maschine in unkontrollierbares Schlingern. Diese Soldaten glauben, die Welt gehört ihnen! Sie benehmen sich immer so, als manövrierten sie auf dem Schlachtfeld herum, wo Zivilisten kein Existenzrecht haben. Um es kurz zu machen, das Motorrad ging zu Bruch, ich wurde gegen eine Platane geschleudert, und die Soldaten setzten ihre Fahrt fort, ohne einen Blick zurückzuwerfen.

– Wie schändlich von ihnen! Einigen Leuten sollte man den Führerschein entziehen! Und was war mit dem Mädchen?

– Nichts ... . Gar nichts ... . Ich traf sie fünf Minuten später im Mare Nostrum Krankenhaus. Francisco war eine halbe Minute nach meinem Unfall mit einem Luftwaffen-LKW zusammengestoßen: Er verlor das Bewußtsein, sie hatte sich nur ein oder zwei Rippen gebrochen.

Bevor er nun wieder Herr seiner Sinne war, ließ ich sie großmütigerweise zusammen mit mir in die Privatklinik meines Onkels transferieren. Und nach einer Woche kurzweiliger Genesung verstehen wir beide uns nun aufs beste. Sie liebt mich bis zum Wahnsinn und weist es entschieden von sich, daß sie mich je hätte verlassen wollen. Sie hatte nur vorgehabt, Francesco hinaus aufs Land zu locken, um sich dort an ihm für seine Liebe zu Süßigkeiten zu rächen, indem sie ihm einen Löffel Zucker in den Tank schütten wollte. Wir beide sind nun fest miteinander verlobt.

– Wie schön! Ich gratuliere ... !

– Wenn Sie noch einen Augenblick Zeit haben ..., mein Schatz besteht nämlich darauf, Ihnen einen viel umfassenderen und anschaulicheren Bericht von den Ereignissen zu geben. Bleiben Sie also bitte dran, lieber Freund ... .

Nachweis von Wohlstand

Wenn ich nicht weiß, welcher Grad an gegenseitigem Vertrauen zwischen den Finanzbeamten der USA und ihren Bürgern herrscht, dann liegt es daran, daß diese Frage mich nicht unmittelbar betrifft. Noch nie im Leben habe ich eine amerikanische Steuererklärung ausfüllen müssen, da ich als nicht in den USA wohnhafter Brite mein ganzes dort verdientes Einkommen vor Ort schmerzlos versteuern lasse. In Großbritannien, wo ein aberwitziges Steuergesetz mich als "Einwohner, mit ständigem Wohnsitz im Ausland", gelten läßt, wird mein Einkommen auch an der Quelle versteuert, aber ich darf meine Interessen durch einen Steuerberater, eigentlich durch ein Paar von ihnen vertreten lassen: Firma Ribbons & Windsor, Aquarium Road, Rhyl. Sie senden mir jedes Jahr ein Formular, das auszufüllen ist und geben mir diskreten Rat, wie durch schlaue, wenngleich legale Tricks mir ein Teil meines bereits abgezogenen Verdienstes rückerstattet wird. Dieses Jahr aber brauchten sie volle zwölf Monate, um den Vorgang abzuschließen, da die Bank von England – "So sicher wie die Bank von England" – zugeben mußte, gewisse Dokumente, die meinen Fall betrafen, nicht auffinden zu können. Das bedeutete, die Regierung kam derweil mit meinem Geld in den Genuß eines zinsfreien Darlehens. Pech für Graves, der sein Vaterland nur zu dessen Vorteil verlassen hatte?*)

Nichtsdestotrotz ist "Herr Blutsauger", wie der Finanzbeamte von uns Engländern liebevoll genannt wird, letzten Endes doch ein anständiger Mensch und, da die Steuertabellen, deren Umsetzung seine Aufgabe ist, nicht von ihm persönlich ausgeheckt wurden, tut er sein Bestes, um

*) Anspielung auf die öffentliche Kritik an Graves' überstürzter "Flucht" aus England 1929.

ihren Schrecken zu mildern. Als ich vor langer Zeit als junger, noch erfolgloser Dichter in Großbritannien wohnhaft war, suchte ich Herrn Blutsauger einmal im Jahr auf, und diese Zusammenkünfte habe ich tatsächlich genossen. Er strahlte mich durch seine Hornbrille an und sagte: "Nun junger Mann, Sie sollten etwas für den Unterhalt Ihres Fahrrads ansetzen sowie für die Heizung Ihres Arbeitszimmers, ganz zu schweigen von Ihren Büchereigebühren. Ich nehme an, Sie abonnieren literarische Zeitschriften? Dafür erhalten Sie auch etwas zurück, und übrigens: sind Sie sicher, daß Sie nicht etwas zur Pflege eines betagten Verwandten beisteuern? Und ach ja, schauen Sie mal her: Ihre Ausgaben für Post und Telegramme sind viel zu niedrig angesetzt. Sie sollten wirklich einiges draufschlagen. Sie hatten zweifellos etwas übersehen."

Zur Erklärung: In Großbritannien wird angenommen (zumindest war es in den Goldenen Zwanzigern so), daß der normale, schlicht gekleidete Bürger mit seinen ausgefransten Manschetten im Gegensatz zum gewieften Geschäftsmann im eleganten Anzug selten oder niemals versuchen wird, bei seiner Steuererklärung zu schummeln, und man muß ihn daran hindern, sich selbst zu betrügen. Mein Herr Blutsauger hat eine standhafte Moral: falls er auf seinem Schreibtisch eine anonyme Anzeige bezüglich der Steuerhinterziehungen des Herrn Hinz oder der Frau Kunz vorfände, dann würde er (so jedenfalls erzählte man es mir immer) mit leicht geröteten Wangen die Anzeige zerfetzen. Kurzum, das britische Steuersystem war damals nicht und ist heutzutage auch nicht mit soviel Dramatik überfrachtet (letzteres ein Wort, das ich noch nie in meinem Leben benutzt habe, aber hier ist es jetzt!), ü b e r f r a c h t e t also wie in einigen Mittelmeerländern, in denen es als ungeschriebenes Gesetz gilt, daß, wer mehr als ein knappes Zehntel seines Nettoeinkommens angibt, entweder ein ausgemachter Idiot oder ein Ausländer ist. Dort verfügen die Behörden über keine wirksamen Mittel, die Höhe des Einkommens aufzudecken, da viele (ich würde nur ungern "alle" sagen) vernünftige Geschäftsmänner mindestens zwei Sätze Bücher führen, abgesehen davon, daß sie mindestens zwei geheime Bankkonten haben und oft vergessen, Barzahlungen aufzuschreiben. Außerdem können sie mit der Unterstützung einer großen Familie und der Partei oder Interessenvereinigung, der sie angehören, rechnen.

In solchen Ländern sind die Steuerfahnder gezwungen, auf "Wohlstandsnachweise" zurückzugreifen, womit man den gehobenen Lebensstil des Betroffenen meint. Daraufhin wird dann das Zehnfache der Summe, die sie tatsächlich einzutreiben hoffen, angesetzt. Dann kann die Schlacht beginnen, und den Sieg trägt die Seite davon, welche die größere Willensstärke beweist.

Seit 1954 muß ich in Spanien Steuern bezahlen, und gebe mir, obwohl ich ein "ehrlicher englischer Idiot" bin, alle Mühe, nur geringe Wohlstandsnachweise anzubieten. Als ich eine Wohnung in Palma hatte, war die Einkommensteuer für mich ein ausgezeichneter Vorwand dafür, alte Kleidung zu tragen, mich nur jeden zweiten Tag zu rasieren, im bescheidenen Imbiß um die Ecke, anstatt in den mit Neon beleuchteten Lokalen *El Patio* oder *El Cantábrico* zu essen, und ein zurückgezogenes, ungeselliges Leben zu führen. Weil nämlich *Señor Chupasangre* (das mallorquinische Gegenstück von Herrn Blutsauger) hinter der Kasse jedes teuren Restaurants der Gegend sowie hinter den Vorhängen jedes Nachtclubs lauert. Wenn ich dem Tennisclub beigetreten wäre oder ein glänzendes, neues Auto, eine Motorjacht oder gar einen Plattenspieler gekauft hätte, dann wäre *Señor Chupasangre* dank seines effizienten Aufklärungsdienstes am nächsten Tag davon in Kenntnis gesetzt worden .

Ich werde jetzt aber aufhören, über mich selbst zu reden, (kein anderes Thema ist so abgenutzt wie das der Finanzen eines Schriftstellers) und werde mit der Geschichte der Familie Sánchez von nebenan weitermachen.

Da Mallorquiner sich immer mit voller Lautstärke unterhalten (als ich einmal zu fragen wagte, warum, bekam ich als Antwort: "Sonst könnte jemand denken, wir wären krank oder hätten Angst") und da die Innenwände der Wohnhäuser in Palma, sowohl aufgrund von Sparsamkeit als auch um der guten Nachbarschaft willen, erstaunlich dünn sind, kann ich eine Familienszene, der ich eigentlich nicht beiwohnte, detailliert und wahrheitsgetreu wiedergeben. Wer denkt, das könne nicht angehen und daß die Balkontüren beider Wohnungen wohl die ganze Zeit sperrangelweit offen gestanden hätten, der gestatte mir ein zynisches Lächeln. Ein Zentimeter Sandstein, der es mitsamt einer Doppelschicht aus Putz und weißer Farbe gerade auf anderthalb Zentimeter Dicke bringt, bietet nicht einmal ausreichend Schutz gegen die genuschelten Rosenkranzgebete der Familie Sánchez.

Don Cristóbal Sánchez, der pfiffige junge Inhaber einer neu aufgemachten Möbelfabrik, und seine mollige, braunäugige, blasse junge Frau Doña Aina mit ihren unpassend blond gefärbten Haaren und einem dicken, goldenen Kruzifix, das auf ihrem Busen pendelt, grüßten uns immer im Treppenhaus, gleichgültig wie oft wir uns schon im Laufe des Tages gesehen hatten. Ebenfalls mit eintöniger Regelmäßigkeit borgten sie von uns Medikamente, Streichhölzer, Brot, Glühbirnen, Nadel und Faden, Jod, Aspirin und unsere Trittleiter, und zu den unpassendsten Zeiten, häufig, wenn wir schon zu Bett gegangen waren, suchten sie uns auf, um zu fragen, ob sie unser Telefon für ein Ferngespräch nach Barcelona benutzen könnten. Familie Sánchez besaß ein Radio und ein Baby, beide entsetzlich laut, aber ich konnte Doña Aina überzeugen, das Radio nicht während meiner Arbeitszeit anzustellen, außer an nationalen Feiertagen (davon hat der spanische Kalender für meine protestantische Mentalität leider viel zu viele). Das Baby zu ignorieren war für mich kein Problem: wenn jemand so viel unter dem Geschrei seiner eigenen, großen Familie gelitten hat wie ich, dann ist es für ihn fast ein Genuß, die Zahnungsschreie von Säuglingen anderer Leute zu hören. Außerdem schreien zahnende Babys keine Lieder, noch sagen sie irgendetwas verständlich genug, um meine innere Stimme und somit den Rhythmus dessen zu stören, woran ich gerade schreibe.

Vor zwölf Jahren, vor dem Boom des Immobilienmarktes auf Mallorca, trat Ainas Vater, ein Abkömmling des aragonesischen Adels, der 1229 mit König Jaime dem Eroberer hierher kam und die Mauren vertrieb, das schuldenbeladene Erbe seines Onkels an und war gezwungen, den Familiensitz in Palma sowie zwei weitere Landgüter, die mit hohen Hypotheken belastet waren, zu verkaufen. Die dabei erzielten Erlöse waren jämmerlich. Ainas Vater gelang es aber, im Zentrum von Palma eine Reihe Häuser aus dem vierzehnten Jahrhundert zu behalten, die nachher von der Stadt aufgekauft und abgerissen wurden, um dort eine Ladenzeile mit Geschäften für Touristen zu bauen. Diese brutale Tat kam dem armen Mann zugute, da das Mietenbegrenzungsgesetz den Satz, den ihm seine Mieter zu zahlen hatten, auf dem Niveau von 1900 eingefroren hatte, als die Peseta noch aus Silber geprägt wurde und dem Tageslohn eines Arbeiters entsprach. Ihr heutiger Wert beträgt nicht einmal zwei US-Cent. Die großzügige Enteignungsentschädigung rettete Ainas Vater vor dem Armenhaus, und er begann sogar, mit Bauvorhaben in den Vororten zu spekulieren, allerdings mit sehr mäßigem Erfolg, wie wir sehen werden.

Aina hatte Glück, unter solchen Umständen so gut zu heiraten, wie sie es tat. Die Abstammung Don Cristóbals ist anständig, wenn auch wenig glanzvoll. Er brachte gutes Aussehen, Fleiß, Optimismus und Geld mit in die Ehe.

Nicht, daß Aina keine anderen Anträge erhalten hätte: wir hörten vom Bruder unseres Hausmädchens, der in einer modischen Kneipe in El Terreno arbeitete, daß Aina drei Jahre lang mit ihrem Cousin zweiten Grades verlobt war. Ihn, Don Gregorio de la Torre Oscura y Parelada, kannten wir nicht, aber seinetwegen ärgerte Cristóbal Aina häufig mit lauten Lachsalven. Es sollte hier betont werden, daß der Hauptfehler von Cristóbals Charakter, seine Selbstzufriedenheit, durch seine Unfähigkeit, seinen großen, von einem präzisen Schnurrbart umgebenen Mund zu halten, noch augenscheinlicher wurde. Wir hörten öfters, wie Doña Aina manch bissige Bemerkung über diese Eigenschaft fallen ließ.

Der Bruder unseres Hausmädchens beschrieb uns die exakte Methode, die Cristóbal anwandte, um Aina und Gregorio auseinanderzubringen. Knapp geschildert, verhielt es sich so: Da es während der Franco-Diktatur nicht möglich war, neue politische Parteien zu formieren, gründete die Jugend Mallorcas als Ventil für ihre intellektuelle Energie eine ultra-religiöse Gruppe namens *Mau-Mau*. Zu deren Gründern gehörten auch Ainas Eltern. Die *Mau-Mau* war asketisch und erzkatholisch, entsetzt über den gegenwärtigen Verfall der Sitten und organisiert nach dem "Bekehre-deinen-Kumpel-Prinzip" der moralischen Wiederbewaffnung: in schönem Ambiente wurden todernste Feiern abgehalten, und die feine Gesellschaft sowie die akademischen Berufe wurden zu Zielen einer aktiven Politik der Infiltration. Normale Katholiken wie der Bruder unseres Hausmädchens nahmen Anstoß an der Gewohnheit der *Mau-Mau*, Gott als *Mi Amo*, meinen Meister, zu bezeichnen, und er sagte uns, der Name *Mau-Mau* käme von *Mi Amo Unico, Mi Amo Universal*, mein einziger Herr, mein universeller Herr.

Cristóbal Sánchez also trat der *Mau-Mau* bei und bot an, als deren Spitzel beim *Club Náutico Reál*, dem örtlichen

Jachtclub, zu agieren, um dort ein Auge auf die weniger vertrauenswürdigen jungen *Mau-Mau*-Mitglieder zu haben. Über seine Motive darf nur gerätselt werden. Alles, was wir mit Sicherheit wissen, ist, daß seine Gedanken sich nicht nur auf heilige Dinge konzentrierten, obwohl Gregorio auch Mitglied der Gruppe geworden war, um sich bei Ainas Eltern anzubiedern. Er betrank sich bei *Tito`s* und *Larry`s* und *Mam`s,* hatte verrufene Bekanntschaften, mochte amerikanischen Jazz lieber als die *Capella Clásica,* traf sich mit einer geschiedenen Mexikanerin bei der *Granja Réus* und machte sich im angetrunkenen Zustand über die *Mau-Mau* lustig, indem er eine wenig respektvolle Änderung eines der Buchstaben des Namens vornahm, wiewohl der Bruder unseres Hausmädchens uns nicht sagen wollte, welcher es war. Cristóbal berichtete Ainas Vater alles, wie es seine Pflicht war, und Gregorio flog aus der Sekte heraus. Danach packte ihn die Wachpatrouille, welche die Erlaubnis hatte, mit Härte gegen solche Mitglieder, die vom gesegneten Pfad abgewichen waren, vorzugehen. Er wurde eines Nachts vor *Tito`s* geschnappt, in einem Taxi zu einem einsamen Gebäude außerhalb von Palma verschleppt und bis zum frühen Morgen von Ihnen mit grimmigem Genuß schwer bearbeitet.

Da Aina schon von einer Freundin über die geschiedene Mexikanerin gehört hatte, weinte sie Gregorio keine Träne nach. Er hatte sein Erbe fast völlig verschwendet, dachte aber nicht daran, arbeiten zu gehen und schien ihre Zustimmung als selbstverständlich zu betrachten: "... fast als ob wir schon geheiratet und die Flitterwochen hinter uns hätten." Vernünftigerweise wechselte sie zum begehrenswerteren Don Cristóbal über. Nach seinem Jura-Diplom machte er Karriere als erfolgreicher Geschäftsmann, hatte eine *esnipe* (ein Viermeter-Segelboot) beim Jachtklub und fand Gefallen daran, mit Aina auf dem Hintersitz seines Motorrads zu schönen Orten zu fahren, die nicht auf dem

Seeweg zu erreichen waren. Nach einer göttlich skandalösen Episode im besagten *Club Náutico* (deren unschöne Einzelheiten ich nicht weiter erläutern darf) schüttelte Don Gregorio den Staub Palmas (und es kann dort in der *Sirocco*-Saison sehr staubig werden) von seinen spitzen Schuhen und ging nach Madrid, wo er Verwandte hatte. "Aber merke dir folgendes, du Verbrecher, du Schwein," warnte er Cristóbal. "Eines Tages komme ich zurück und zahl` dir das heim!"

Und er kam tatsächlich zurück. An einem heißen Morgen im Mai, als ich an meinem Schreibtisch geduldig die *Pharsalia* von Lukan übersetzte und gleichzeitig meine innere Stimme anflehte, "La Paloma" vom Grammophon auf der anderen Straßenseite zu überhören, klingelte es sehr laut in der sonst sehr ruhigen Wohnung von Cristóbal und Aina.

"Ein Bettler," dachte ich, "die drücken die Klingel doppelt so kräftig wie Freunde oder Vertreter. Er wird in einer halben Minute bei mir klingeln ... ." Ich wartete, aber es kam kein Bettler, sondern Doña Aina, die auf ihren Balkon eilte, welcher nur durch eine eiserne Reling von unserem getrennt war. Im Spiegel meines Arbeitszimmers sah ich, wie sie sich gegen die Hauswand preßte und, offensichtlich verängstigt, immer wieder die Hände rang.

Cristóbal, so tippte ich, hatte durch das vergitterte Guckloch der Eingangstür geschaut und ihr ein Zeichen gegeben zu verschwinden. Ich legte meinen Federhalter nieder und horchte.

Cristóbal grüßte seinen Besucher mit gespielter Begeisterung in seiner hohen Tenorstimme: "Aber Gregorio, was für eine freudige Überraschung. Ich dachte, du wärst immer noch in Madrid. Willkommen daheim!"

Zu meiner Erleichterung hörte ich eine ähnliche Wärme im tiefen Bariton Gregorios: "Es ist wahrhaftig schön, Cristóbal, dir nach so langer Zeit die Hand zu geben. Ich habe öfters an dich gedacht und an die Trabrennbahn, an das Tontaubenschießen und unsere Regatten im Hafen mit den *esnipes* und die tollen Zeiten, die wir hatten, bis ..., na ja, bis ... ."

Ich beobachtete im Spiegel das alarmierte und beunruhigte Gesicht von Doña Aina, als Cristóbal erwiderte: "Gregorio, ich verehre deinen edlen Geist und daß du dich nach diesen schlimmen Drohungen im *Club Náutico* überwinden konntest, mein Haus zu besuchen, zeigt mir, daß du mir endlich mein großes Glück verzeihen kannst. Aina ist jetzt nicht nur meine Frau, sondern sie hat auch einen wunderbaren kleinen Jungen geboren."

Ein heikler Augenblick, aber Gregorio schien den Schlag wegstecken zu können. "Na ja," sagte er, "ich muß schon gestehen, ich fand dein Benehmen etwas unpassend, da Aina und ich seit drei Jahre verlobt waren und wir schon alles für die Hochzeit vorbereitet hatten. Aber jetzt, wo dein Raub legalisiert und sogar durch die verbriefte Geburt eines neuen Bürgers gekrönt worden ist, was bleibt mir übrig, als dir wie ein wahrer Christ zu gratulieren? Kein Wort mehr darüber, Señor! Außerdem ist Aina keineswegs das einzige Mädchen in Spanien. Das heißt, ich möchte euch nicht mit gehässigen Vergleichen beleidigen, aber ich habe kürzlich eine enge Beziehung zu einer jungen Dame aufgenommen, und einige Leute würden vielleicht sogar behaupten, sie wäre noch intelligenter und schöner und aus einer noch besseren Familie, wenn das möglich wäre. Wir lernten uns während der Festtage in Sevilla kennen. Wie das Schicksal es will, kommt sie aus dieser unserer Stadt und ist völlig in mich verliebt."

Nachdem das Eis auf diese Weise gebrochen war, wuchsen die ehemaligen Rivalen einander noch enger ans Herz.

"Meine herzlichsten Glückwünsche, lieber Freund!"

"Mit Begeisterung angenommen ... . Das einzige Problem in dieser neuen Sache ist leider der übermäßige Reichtum der Familie meiner Verlobten. Er ärgert mich unentwegt."

"Das Problem gibt es wenigstens bei Ainas Familie nicht. Im Gegenteil, jeden zweiten Montag kommen sie zu mir und wollen finanzielle Unterstützung haben."

"Natürlich! Aina war ein Preis, der teuer zu bezahlen war. Aber ich habe gehört, dein Möbelgeschäft blüht und gedeiht?"

“Wie ein Rosengarten. Im Moment geht`s mir gut, Gott und dem Touristen-Boom sei Dank! Dreiunddreißig neue Hotels, sechzig neue Wohneinheiten und vierundachtzig Pensionen werden im nächsten Winter gebaut. Aber mein lieber Gregorio, wenn deine Verlobte so sehr in dich verliebt ist, warum sollte der Reichtum ihrer Familie dich stören?”

“Spiel nicht den Dummen, Cristóbal, mein Freund. Klar, sie wollen sichergehen, daß ihre Tochter so weiter leben kann, wie sie es bis jetzt getan hat: mit Dienern, Feiern, Besuchern, Tennis, vielen neuen Klamotten, jeden Tag eine Stunde beim Frisör und so weiter. Aber sie kann sich gegen den alten Egoisten, ihren Vater, durchsetzen. Sie drohte damit, eine Nonne zu werden, falls er sie mich nicht heiraten läßt, und er hat widerwillig nachgegeben. Aber vorher muß ich eine beträchtliche Summe Geldes mit meiner neuen Arbeit verdienen, das ist seine feste Bedingung.”

“Du hast eine Stelle, Gregorio? Die Liebe kann tatsächlich Wunder wirken!”

“Ach, keine nennenswerte Stelle, nichts, womit man angeben kann, und in guter Gesellschaft reden wir lieber nicht darüber. Aber sie birgt gewisse Möglichkeiten.”

“So etwas wie der schwarze Markt?”

“Nein, das nicht. Mein künftiger Schwiegervater, Don Mariano Colom y Bonapart, hat eine so hohe gesellschaftliche Stellung, daß er nie davon träumen würde, seinen Ruf zu gefährden, indem ich dubiosen Geschäften nachgehe.”

“Wirklich nicht? Dann nehme ich an, daß das Vermögen, das er vor ein paar Jahren mit dem Schmuggel von Penicillin verdiente, das aus Tanger stammte und für unsere Krankenhäuser bestimmt war, obwohl dieses sogenannte Penicillin nur bei Gläubigen wirkte, daß also dieses Vermögen mittlerweile in anständige Investitionen etwa für die Produktion von Souvenirs für Touristen umgewandelt wurde. Es wird ihm wohl sehr gut gehen."

"Nun, es ist aber niemals bewiesen worden, daß er Penicillin schmuggelte, was übrigens eine durchaus karitative Tat ist, noch, daß es seine Wirkung bei sachgerechter Anwendung verfehlte. Ich glaube, es waren die Ärzte, die ihren Vorrat verdünnten, so daß er ergiebiger würde. Auf alle Fälle sind die Ermittlungen gegen ihn eingestellt worden. Und diese Souvenirs, die du erwähnt hast, sind ein Renner, insbesondere bei deutschen Pauschaltouristen, vor allem der lustige kleine Hund, der sein Bein hebt. Don Mariano überlegt sich, eine etwas biederere Version für die Engländer herauszubringen, und hat darüber bereits mit einem englischen Richter, der seinen Urlaub hier verbringt, gesprochen."

"Und deine Arbeit, Gregorio?"

"Verzeih mir, Cristóbal. Ich schäme mich. Sie ist bei einem Ministerium und zu langweilig und zu abgeschmackt, um darüber zu sprechen."

"Aber sie bringt doch die üblichen Vorteile mit sich?"

"Aber sicher doch! Hätte Don Mariano es für mich anders geregelt?"

"Du scheinst mir ein bißchen niedergeschlagen zu sein, Gregorio. Trinkst du ein Schlückchen Brandy mit mir?"

"Im Moment trinke ich keinen Alkohol. Don Mariano möchte keinen Alkoholkranken als Schwiegersohn haben. Ich fürchte, es wird eine Orangenlimonade sein müssen."

"Nicht lieber eine Coca Cola? Ich hol` dir eine aus unserem Eisschrank."

"Du hast also einen Kühlschrank, Cristóbal?"

"Der Jungfrau Maria sei Dank gehören wir nicht zu denen, die ihre Butter in einem Eimer im Brunnen kühlen."

“Es ist erfreulich, von deinem gestiegenen Einkommen und deinem häuslichen Glück zu hören, lieber Cristóbal. Diese erfrischende Coca Cola ist ein eindeutiges Zeichen deines Wohlstands. Freunde haben mir erzählt, du hättest vor kurzem eine schöne Party im *Hotel Nacional* gegeben.”

“Ja, ich wünschte, du wärst dabei gewesen! Wie die Champagner-Korken geknallt haben! Es war die Feier zur Taufe unseres Sohnes.”

“Es wird dich eine Kleinigkeit gekostet haben.”

“In der Tat, und nicht eine einzige Peseta der fünftausend kam von Ainas Eltern. Das darf ich dir offen sagen, da Aina wegen der Anprobe eines Abendkleids außer Haus ist. Übrigens, sie hält immer noch sehr viel von dir.”

Nach den zusammengepreßten Lippen Doña Ainas zu urteilen, würde diese Bemerkung Cristóbal teuer zu stehen kommen, sobald Gregorio gegangen wäre. Aber sie blieb versteckt, obwohl, wie ich sehen konnte, die Sonnenstrahlen sie blendeten. Leise öffnete ich meine Terrassentür, ging hinaus, lächelte sie freundlich an und gab ihr meine Sonnenbrille. Die unerwartete Leihgabe schien Dona Aiña zu überraschen, aber sie setzte sich die Brille dankbar auf.

Gregorio erzählte: “Die Denkweise deiner Frau schmeichelt mir. Und viel Hilfe von diesen *Mau-Mau*-Einfaltspinseln, ihren Eltern, kannst du nicht erwarten. Sie haben neuerdings herbe finanzielle Rückschläge erlitten, so sagen mir zumindest meine Anwälte: insbesondere wegen der Verpflichtung, den ehemaligen Mietern des neuen Wohnhauses Entschädigungen zu leisten. Was für eine verfehlte Geldanlage das war!”

“Wie recht du da hast!” stimmte Cristóbal zu. “Dein zukünftiger Schwiegervater hat sie meinem gegenwärtigen Schwiegervater gerade rechtzeitig angedreht. Hoffentlich wird Don Mariano nicht ins Gefängnis müssen, wenn die

Ermittlungsergebnisse über den Einsturz des Gebäudes veröffentlicht werden."

"Don Mariano im Gefängnis!" lachte Gregorio, "so eine lächerliche Vorstellung! Aber nein, die Ermittlungen sind schon abgeschlossen. Siehst du, die Blaupausen gehörten dem Stadtplaner, und der steht außer Verdacht. Und auch wenn Don Dionisio Gómez, der Bauträger, beim Beton sparte und fehlerhafte Balken benutzt hat, woher sollte Don Mariano das wissen? Wie ich hörte, ging Don Dionisio nach Venezuela, ehe Ainas Vater ihn verklagen konnte."

"Natürlich war das eine herbe Schlappe für uns. Aber die Gnade Gottes sorgte dafür, daß beim Unglück niemand ums Leben kam außer dieser familienlosen Witwe aus Ibiza. Die anderen Mieter waren außer Haus und schauten bei der Fronleichnahmsprozession zu. Und was das alte Auto angeht, das zertrümmert wurde, als die vier Wohnungen mit all ihren Möbeln darauf fielen ..., tja, das war zum Glück Don Dionisios` eigenes! Unter den Umständen wird er es kaum wagen, Entschädigungen zu verlangen."

"Das stimmt, mein lieber Cristóbal. Ich habe übrigens eine lustige Geschichte über eben dieses Auto gehört. Du selbst hast es Don Dionisio 1953 verkauft, so weit ich weiß."

"Genau, und ich war froh, es loszuwerden, sogar zu einem guten Preis. Nicht nur, daß die Bremsen und die Steuerung defekt waren, sondern jemand warnte mich gerade rechtzeitig, daß nach dem neuen Einkommensteuersystem der Besitz eines Autos als Nachweis von Wohlstand galt. Ich wurde sofort aktiv."

"Das war schlau! Aber Cristóbal, was ist mit den anderen Nachweisen von Wohlstand: der Tauffeier für 5.000 Pesetas, dem elektrischen Kühlschrank, dem Staubsauger, den Abendkleidern deiner verehrten Gattin, dem englischen Kinderwagen im Flur, der finanziellen Unterstützung, die du deinem Schwiegervater gewährst?" Weiß du nicht, daß diese Dinge die Aufmerksamkeit des *Señor Chupasangre,* des Hauptsteuerprüfers, auf dich ziehen müßten?"

"Aina und ich machen uns lustig über ihn. Wir gelten als arme Leute, und ich paß` schon auf, daß ich kein Auto besitze."

"Aber du hast doch eins, Cristóbal."

"Ich soll ein Auto haben? Du machst wohl Witze?"

"Ich meine das Auto, das durch den Hauseinsturz zertrümmert wurde."

"Idiot, das habe ich doch vor vier Jahren an Don Dionisio verkauft!"

Da sprach Gregorio langsam und deutlich: "Ja, du hast es zwar verkauft, aber Don Dionisio hatte den Eigentumswechsel niemals der Zulassungsstelle gemeldet, und daher läuft es weiter unter deinem Namen. Und ich würde sagen, du schuldest Einkommensteuer für die Jahre 1954, 1955, 1956 und 1957, und zwar in einer Höhe, die mit Sicherheit zu einer Unterhaltung zwischen dir und dem *Señor Chupasangre* führen wird."

"Hund! Wie bist du darauf gekommen?"

"Ich habe es zufälligerweise im Steuerbuch gefunden, im Rahmen meiner Tätigkeit."

"Aber Gregorio, das ist doch Wahnsinn! Seit 1954 gehört das Auto Don Dionisio und nicht mir!"

"Verzeih, aber laut Gesetz gehört es immer noch dir und Don Dionisio ist nicht hier, um dem zu widersprechen."

"Pah!" brüllte Cristóbal. "Wieso sollte ich Einkommensteuer schulden? Um zu belegen, daß ich dafür nicht in Frage komme, kann ich dem *Señor Chupasangre* meine Geschäftsbücher zeigen, wobei ich natürlich die weniger glanzvollen "amtlichen" meine. Falls er mich aufsucht, werde ich schwören, daß Kühlschrank und Staubsauger

Hochzeitsgeschenke waren und daß der englische Kinderwagen uns von meiner Schwester geliehen wurde. Was die Feier und Ainas Abendkleider angeht ... ."

"Hältst du denn *Señor Chupasangre* und seine Kollegen für Idioten?"

"Ja, wieso denn nicht?"

Aber da hatte Doña Aina schon die Gefahr gewittert. Ich sah, wie sie sich den eigenen Mund zuhielt, da sie den ihres Mannes nicht zuhalten konnte.

Gregorio hub an: "Mein lieber Freund Cristóbal, wie ich dir während dieser ganzen, netten Unterhaltung beizubringen versucht habe, bedeutet Aina mir heute nichts mehr, außer als deine treue Gattin und Mutter eures kleinen Sohnes, aber ich schulde mir selbst sowie auch meinem Ministerium die Wahrnehmung einer heiligen Pflicht. Zugegeben, daß ich vielleicht ein Idiot bin, wie du mich genannt hast, nichtsdestotrotz ist meine neue Stelle ... ."

"Gregorio! Was sagst du da??"

"... diese neue Stelle, wenngleich sie manchmal unangenehm ist, bringt (wie sagtest du doch noch?) gewisse übliche Vorteile mit sich. Dein Einverständnis vorausgesetzt, werde ich dir morgen einen amtlichen Besuch abstatten. Bis dahin meine besten Grüße an deine verehrte Frau Gemahlin und sage ihr bitte, wie entzückt ich bin, daß sie sich noch an mich erinnert."

Die Tür knallte zu. Die Schritte Gregorios hallten ohne Eile die Treppen hinunter.

Ich sah im Spiegel, wie Doña Aina einen großen Topf rosafarbiger Geranien hochhob. Wollte sie ihn *catacrok*! auf Gregorios Kopf fallen lassen, wenn er auf die Straße trat?

Ich hätte wissen müssen, daß sie etwas anderes vorhatte: sie stieß nämlich die Balkontür ihrer eigenen Wohnung auf und stand einen Moment lang da: einen Fuß vorgestreckt, den Blumentopf auf ihrer rechten Handfläche balancierend und die linke wie zum Falangistengruß erhoben.

“Du Esel! Du Idiot!” schrie sie und warf den Blumentopf mit ihrer ganzen Kraft in Richtung Cristóbal.

Ich stopfte mir die Finger in die Ohren, um den Krach zu dämpfen.

Einen Toast auf Ava Gardner*)

In Spanien behält eine Frau, wenn sie heiratet, ihren Mädchennamen, hängt jedoch den Namen ihres Mannes mit einem *de* daran. Nach ihrer Heirat mit Wilfredo Las Rocas wird also aus unserer mallorquinischen Freundin Rosa, geborene Espinosa, Rosa Espinosa de las Rocas. Dies ist eine sehr glückliche Zusammensetzung, welche "Frau Dornige Rose von den Felsen" bedeutet. Rosa war viel besser dran als ihre Cousine mütterlicherseits, Dolores Fuertes, die so unüberlegt handelte, einen Anwalt namens Tomás Barriga zu heiraten und jetzt Dolores Fuertes de Barriga oder "Starke Bauchschmerzen" heißt. Meine Frau und ich haben Rosa in einem Geschäft in Palma kennengelernt. Wir beschwerten uns gerade bitterlich auf Englisch über einen Jahrhunderte alten mallorquinischen Aberglauben, der besagt: weil die Sonne das ganze Jahr hindurch scheint, ist das Wäschetrocknen niemals ein Problem. Daher besitzen auf Mallorca nicht einmal die nobelsten Häuser Trockenkammern und verschmähen sogar den guten, alten englischen Wäscheständer, obwohl er es abgekämpften Müttern ermöglicht, die Wäsche ihrer Kinder selbst bei anhaltendem Regenwetter zu erledigen. Nach so einem Wäscheständer hatten wir gerade sämtliche Möbelläden in Palma abgesucht, waren aber stets nur mit freundlichem Achselzucken bedacht worden.

Dann ertönte von unterhalb meines Ellbogens in wunderschönem, klaren Englisch, mit nur der Spur eines spanischen Akzents: "Verzeihen Sie, ich konnte nicht umhin, etwas von ihrer Unterhaltung mit anzuhören. Mein Mann, Wilfredo Las Rosas, wird Ihnen mit Vergnügen einen

---

*) *Ava Gardner* (1922-1990), die Tochter eines kleinen Farmers aus North Carolina, stieg – nachdem ein Privatfoto von ihr in die Hände eines Hollywoodproduzenten gelangt war – zu einem der bedeutendsten Filmstars der 50er- und 60er-Jahre auf.

Wäscheständer anfertigen. Er kennt sich bestens damit aus. Mein geliebtes, altes englisches Kindermädchen, die verstorbene Nanny Parker, brachte einen Wäscheständer mit, als sie von der britischen Botschaft in Madrid zu uns kam. Ich fürchte, meine ältere Schwester in Zaragoza hat ihn jetzt. Wenn Sie mir folgen wollen ... ?"

Wilfredo und sein Partner, Aníbal Tulipán, betrieben eine große Möbelfabrik am Stadtrand von Palma. Am Anfang besaß jeder von ihnen fünfzig Prozent der Fabrik, aber das Gebäude wurde bei einem Brand schwer beschädigt. Die Bank baute es wieder auf, aber um den Preis der Anteilsmehrheit. Wilfredo und Aníbal waren auf diese Weise zu Angestellten der Bank degradiert und konnten entlassen werden, falls die Firma keinen Gewinn abwerfen würde. In solch schwierigen Zeiten war das keine sehr angenehme Position für so stolze Männer wie sie.

Aníbal kümmerte sich um An- und Verkauf, Wilfredo um Design, Produktion und Personal. Sie waren miteinander verschwägert gewesen, aber als Wilfredos Schwester an einer Überdosis Schlaftabletten starb, die sie aus Protest gegen die allzu enge Verbindung Aníbals mit einer Zahnarzthelferin eingenommen hatte, sprengte dies die familiären Bande. Es hat wohl nie zwei Geschäftspartner gegeben, die vom Temperament her weniger zueinander gepaßt hätten. Aníbal, der alles Deutsche, insbesondere Metaphysik, Musik und Sauerkraut schätzte, sah Göring sehr ähnlich und besaß einen wahrhaft Wagnerianischen Jähzorn. Oder er eiferte, wenn er wütend war, Adolf Hitler nach, indem er sich auf den Boden warf und in den Teppich biß.

Wilfredo hingegen – groß, blond und schlaksig – gab sich, bis der Krieg siegreich für die Alliierten endete, alle Mühe, seine starken anglophilen Tendenzen zu verbergen. Diese waren einige Jahre zuvor geweckt worden, als er sich in Rosa verliebt hatte und dem posthumen Zauber der verehrten Nanny Parker verfiel.

Als Nanny Parker in den Espinosa Haushalt eintrat, brachte sie eine gebundene Ausgabe der *Illustrated London News* der Jahrgänge 1906 bis 1925 mit und fügte jedes Jahr eine neue Nummer hinzu. Das Jahr 1936 setzte dem mit Beginn des Spanischen Bürgerkrieges und dem Tod von Nanny Parker (unter einem schnellen, von "neutralen" italienischen Luftwaffensoldaten*) gesteuerten Auto ein abruptes Ende. Die unablässige Lektüre dieser Bände aber hatte aus Wilfredo einen Experten für alles Englische gemacht, jedenfalls was den Zeitraum jener dreißig Jahre anging.

Rosa stellte uns Wilfredo vor und fragte ihn, ob er uns einen Wäscheständer besorgen könnte. Er stimmte begeistert zu, da er in uns eine Informationsquelle für all das sah, was den Briten seit dem Tode Georgs V.**) zugestoßen war.

Das Ergebnis war ein beinahe atemberaubender Wäscheständer, grundfest und geräumig wie eine Kirche, aus massivem Mahagoni, mit kannelierten Stegen und Knäufen aus Messing, und das zu einer Zeit, als es Mahagoni auf dieser Insel praktisch nicht gab. Für dieses Meisterwerk berechnete uns Wilfredo eine lächerlich kleine Summe, da das Vergnügen ganz auf seiner Seite gewesen sei.

Als Aníbal durch einen Vorarbeiter der Fabrik von dem Wäscheständer erfuhr, erlitt er einen seiner höllischen Wutanfälle, beschimpfte Wilfredo auf übelste Weise und warf ihm Betrug am Geschäft vor, Verschwendung von wertvollen Materialien, Vernachlässigung anderer Aufträge und Paktieren mit dem Erzfeind Spaniens. Er drohte sogar damit, die Aufmerksamkeit der Zentralbank auf den

---

*) Ab August 1936 befand sich Mallorca für einige Monate unter der Kontrolle eines *Conte Rossi*, eines fanatischen italienischen Faschisten, der mit seiner Luftwaffeneinheit den spanischen Nationalisten im Kampf gegen die Republikaner zu Hilfe gekommen war und in der Folge ein Regime des Terrors und der Willkür ausübte, dem viele Zivilisten zum Opfer fielen.

**) Der englische König Georg V. starb Anfang 1936.

lächerlichen Wäscheständer zu lenken. Wilfredo erwiderte leidenschaftlich, daß Großbritannien bester Kunde Spaniens und, nach Spanien, das nobelste Land Europas sei. Er ließ sich auch über Aníbals teutonischen Mangel an Geschmack, Humor und Phantasie aus und fügte hinzu, er wolle auf der Stelle mit der Produktion von nicht weniger als einhundert *Nanniparker*-Wäscheständern – allerdings einem etwas weniger aufwendigen Modell – beginnen. Es folgten einige sehr spitze Bemerkungen wie: "Der Pfarrer war wohl sehr erkältet, als er dich "Aníbal" taufte. Er meinte sicherlich *Animal.* Du bist wirklich ein fettes, primitives, sophistisches, germanisches Tier, und wenn es deine erbärmlichen Abenteuer in der heruntergekommensten Gegend von Santa Catalina nicht gegeben hätte, wäre meine arme Schwester heute noch am Leben!"

Es kam zu einer Schlägerei. Wilfredo war stärker, aber im Bürgerkrieg hatte Aníbal irgendwann an einem Kurs im Straßenkämpfen teilgenommen, und er hatte von seinen freiwilligen SS-Ausbildern allerhand clevere Tricks gelernt. Beide Kämpfer verletzten sich schwer.

Schon vor diesem Zwischenfall war die Fabrik nicht besonders gut gelaufen. Die Maschinen hatten längst ausgedient, waren aber nicht ersetzbar. Strom und Holz waren knapp. Neue nationale Feiertage, die den Sieg der "Kräfte des Lichts" hochleben ließen, wurden eingeführt, und jeder von ihnen sah eine doppelte Lohnauszahlung für die Arbeiter vor, die einen derart patriotischen Feiertag in Anspruch nahmen. Dazu gab es Ärger mit den Gewerkschaften und Erlasse, welche die Entlassung eines einzelnen Arbeiters, egal wie unproduktiv, unehrlich oder überflüssig er war, untersagten. Dies alles war schlimm genug, aber der vollständige Bruch zwischen den beiden Partnern rief eine Krise hervor. Wilfredo und Aníbal verfolgten nun stur die jeweils eigenen Ziele ohne Absprache mit dem anderen. Wilfredo entwarf seine Möbel in einem noch provokanteren englischen Stil; Aníbal sorgte dafür, daß er keine geeigneten Hölzer bekam und strengte sich nicht im geringsten an, die wenigen fertigen Möbel zu verkaufen.

Rosa war sich darüber im Klaren, daß die Fabrik bald bankrott gehen würde, wenn niemand etwas Entscheidendes dagegen unternähme. Sie hatte den klugen Einfall, einen gewissen Kanonikus der Kathedrale anzurufen, den älteren Bruder und Beichtvater des Mannes, der mit der Peitsche in der Hand über den kämpfenden Parteien stand: der Direktor der Zentralbank höchstpersönlich. Rosa erläuterte dem Priester das Dilemma und bedrängte ihn, Frieden zu schaffen, jedes Mittel sei ihr recht, solange nur beide Haushalte vor dem Ruin bewahrt werden könnten. "Ehrwürdiger Vater," sagte Rosa, "obwohl Don Aníbal diesen erbärmlichen Streit vom Zaun gebrochen hat, indem er Wilfredo mit Schimpfwörtern beleidigte, die kein Ehrenmann auf sich sitzenlassen konnte, muß ich zugeben, daß Wilfredos Erwiderung nicht dazu angetan war, die Situation zu verbessern. Es ist auch wahr, daß Don Aníbal als erster zuschlug, aber Wilfredo hielt ihm nicht gerade die andere

Wange hin. Jetzt aber reut ihn seine unkatholische Einstellung. Es ist kein Spaß, daß er jeden Tag, wenn er die Fabrik betritt, seine Armbanduhr zusammen mit seiner zweiten Lesebrille auf einem Regal ablegen muß, damit sie nicht bei einer neuen Handgreiflichkeit zu Bruch gehen."

Der Priester hörte sich alles an und grunzte dabei ermutigend. Dann teilte er seine Meinung mit. "Meine Tochter," sagte er, "ich sehe nur eine Lösung für das Problem, das du so klar geschildert hast. Du und Don Aníbals Frau, ihr müßt eine praktische Allianz für den Frieden schließen. Bis eure Männer überzeugt werden können, sich freundschaftlich die Hände zu reichen, müßt ihr wenigstens darauf beharren, daß sie gemeinsam die Bank darum bitten, einen Schlichter zu bestimmen, der alle Streitfragen zwischen den beiden entscheidet. Ein derartiges Arrangement sollte keine großen Kosten verursachen. Irgendein pensionierter Offizier, rechtschaffen und diskret, wird die Aufgabe sicherlich gerne übernehmen.

Nicht gegen Entgelt, sondern, sagen wir, gegen eine kleine, tägliche Erfrischung. Dann müßten sich eure beiden Männer nicht mehr begegnen, außer in Gegenwart des Vermittlers. Nur, die Bank wird verlangen, daß sie seine Entscheidungen ohne wenn und aber akzeptieren, wie Fußballspieler die des Schiedsrichters akzeptieren oder vom Platz fliegen. Wenn du für das Einverständnis deines Mannes geradestehen kannst, laß uns ein Treffen zwischen dir und der Frau von Don Aníbal arrangieren, morgen bei mir. Dort, mit Gottes Hilfe, wird alles ordentlich geregelt."

Der Name der neuen Frau von Aníbal, der ehemaligen Zahnarzthelferin, war Gracia Joncosa de Tulipán (noch eine blumige Namenskombination: "Schlanke Anmut einer Tulpe"). Gracia wußte, was sie wollte, und sie war, wie Aníbal auch, streng gegen die Kirche. Sie kam zum Treffen, aber sagte dem Pfarrer ins Gesicht, daß, da die Initiative offensichtlich von Rosa kam, Aníbal den Plan so entschieden ablehnen würde, als ob der Vorschlag aus dem Kreml stammte.

Da erschien ein Runzeln auf der Stirn im rosigen Gesicht des Pfarrers, aber er erwähnte die unrühmliche Vergangenheit Gracias mit keinem Wort und flehte sie nur an, dem wahren katholischen Geist Rosas nachzueifern. "Selig sind die Friedfertigen," betonte er und hob dabei einen seiner dicken Finger.

"Selig sind sie wahrhaftig!" sprach Gracia ihm nach, gegen ihren Willen beeindruckt durch das riesige, von Zigarren verräucherte Lesezimmer. Es hatte dunkle, bedrohliche Bücherregale, dunkle, bedrohliche Bilder von Heiligen, die lebendig ausgepeitscht oder auf heißen Kohlen gegrillt wurden oder auf Bergspitzen, umgeben von geflügelten Dämonen, in Ekstase knieten. "Aber mein Aníbal," fuhr sie fort, "wird vom Anfang an der Meinung sein, der Vermittler sei von Ihnen und Don Wilfredo ausgesucht, um ihn aus seinem Posten zu verdrängen."

Da erwiderte der Pfarrer, ohne zu zögern: "Liebe Tochter, dein Mann mit seinem heißen Gemüt braucht keine Angst zu haben. Versichere ihm, daß ich, ein Priester der Kathedrale zu Palma, hiermit feierlich verspreche, einen Vermittler von solcher Aufrichtigkeit und Weisheit zu finden, daß er ein Nachkomme des König Salomos selbst sein könnte. Falls, aber, dein Mann meine Versicherungen ablehnt, werde ich zu der Auffassung gelangen müssen, daß sowohl die Kirche als auch die Bank zurückgewiesen wurden, und ich werde meinen Bruder von dieser Sturheit informieren."

Gracia hörte die Alarmglocken läuten und rief: "Nein, oh nein, hochehrwürdiger Vater! Bitte reden Sie nicht weiter! Aníbal ist, im Grunde genommen, ein friedlicher Mensch und ehrt Sie und Ihren würdigen Bruder aufs höchste. Lassen Sie mich ihn zur Vernunft bringen."

“Dazu würde ich dir raten, meine Tochter,” sagte der Kanonikus mit düsterer Stimme und beendete so das Treffen.

Aníbal erlitt noch einen Wutausbruch, als Gracia ihm die Nachricht des Pfarrers übergab. “Das ist Erpressung!” soll er angeblich gebrüllt haben. “Werde ich diesen unverschämten Gangstern meine Geldbörse mit einem wahren katholischen Lächeln übergeben müssen?”

Aber es blieb ihm kein Ausweg, als der Bankdirektor den pensionierten und vielfach ausgezeichneten Oberst als Vermittler vorschlug, den ich Don Hilario Tortugas nennen werde. Während des Krieges in Marokko war er drei Mal getroffen und durch Wade, Knie und Schulter geschossen worden. Das letzte Mal verlor er alle Finger seiner linken Hand bei der Ausführung einer so heldenhaften Tat, daß er dafür mit dem Großen Sankt-Ferdinands-Kreuz ausgezeichnet wurde. Hätte Aníbal die Aufrichtigkeit dieses berühmten Helden nicht akzeptiert, hätte er sich lächerlich gemacht. Don Hilario, der sich vor Untätigkeit langweilte, nahm die Aufgabe gern an, und verlangte dafür kein größeres Tageshonorar als zwei Tassen Kaffee, ein Salamibrot, eine Flasche Bier und eine Zigarre von den Kanarischen Inseln. Außerdem bestand er darauf, daß der Kaffee kochend heiß sein müsse.

Das Arrangement klappte. Don Hilario hatte aber leider nur sehr lückenhafte Vorstellungen davon, wie man eine Fabrik leitet. Dieser Fehler im Bildungssystem wurde in der Geschichte Spaniens immer dann offenkundig, wenn sich etliche, ansonsten mutige, ehrenwerte und hochrangige Militäroffiziere die Lenkung der Wirtschaft des Landes aufbürdeten. Nichtsdestotrotz hatten seine Erfahrung in Menschenführung seinen Instinkt, ob ihm Lügen, Wahrheiten oder Halbwahrheiten erzählt wurden, noch verstärkt. Wenn Streit um eher technische Punkte aufkam, entschied er nach seiner Analyse der Stimmen, Gesichtsausdrücke und Verhaltensweisen der Partner, und nicht auf der Basis der ihm vorgelegten Dokumente. Bei der Entscheidung über die verzwickte Frage des *Nanniparker*-Wäscheständers, zum Beispiel, argumentierte er, daß – auch wenn Wilfredo zweifelsohne ein wunderbares, fachmännisches Produkt herstellen könne, sofern er das benötigte Material erhielte – das fehlende Vertrauen Aníbals in solche Neuigkeiten doch anzeige, daß es vielleicht weise wäre, den Produktionsbeginn noch hinauszuschieben.

Weiter entschied er: "Die Fabrik wird aber die Kosten für die Produktion des Prototyps tragen sowie auch die des Verkaufs zu einem symbolischen Preis an eine einflußreiche ausländische Familie zum Zwecke der Werbung."

Don Hilarios tägliches Erscheinen in der Fabrik half sehr, die Moral der Arbeiter wieder zu beleben. In den Cafés gaben sie an: "Bei uns ist der berühmte Oberst Tortugas y Postres*) angestellt, derjenige, der mal siebzehn Araber einen nach dem anderen mit seinem Schwert aufspießte, obwohl er zwei Dutzend Wunden hatte. Das ist ein Kämpfer!" Aber Aníbal schluckte sein Unmut nur schwer hinunter: "Stell' dir vor! Dieses Stück aus einem Militärmuseum hat man mir als Chef und Spion vorgesetzt!" Wilfredo machte er weiterhin das Leben schwer, mit falschen Angaben zum Materialvorrat und zu den Verkaufsaussichten. Gleichzeitig beschwerte er sich bei Don Hilario, daß Wilfredo die Arbeiter verwöhne und außerdem ein völliges Unwissen über moderne Möbeltrends zeige.

Nach Rosas Rat blieb Wilfredo gelassen und benahm sich so englisch wie möglich in der Hoffnung, Aníbal würde sich dadurch zu einer groben Tat provozieren lassen, die eine offizielle Rüge nach sich ziehen würde.

---

*) Dies ist wieder eine ironische Namensgebung: *Oberst Schildkröten und Nachspeisen.*

Aber die Versuche Aníbals, sich bei Don Hilario anzubiedern, erfüllten ihn insgeheim doch mit Sorge. Zum Beispiel schenkte dieser Don Hilario zum Namenstag eine Schachtel mit einhundert *Romeo y Julieta*-Zigarren. Don Hilario lehnte das Geschenk selbstverständlich ab: obwohl er so gern rauche, schwor er, könne er es sich niemals erlauben, auch nur um ein Haar von seinen mehr als strikten Prinzipien abzuweichen und er müsse auch nur den geringsten Verdacht von Käuflichkeit im Keim ersticken. Trotzdem beobachtete Wilfredo, wie er mit nur schlecht getarntem Verlangen die Schachtel betrachtete.

Ab und zu bot Wilfredo Don Hilario eine Mitfahrgelegenheit in seinem 1922er-Renault zurück ins Stadtzentrum an. (Übrigens, gute Autos kommen nach Mallorca, um zu sterben, aber das dauert ziemlich lange hier). Doch Don Hilario lehnte stets ab, sogar an Regentagen, wenn seine Wunden ihm schmerzen. Er nahm nicht mehr und nicht weniger als die zwei Tassen des süßen, kochend heißen Kaffees pro Tag, die Zigarre von den Kanarischen Inseln, das Salamibrot und die Flasche Bier, wie es in seinem Vertrag stand. Nur ein einziges Mal erlaubte es ihm sein Gewissen, sich von Wilfredo einige Zigarettenblättchen auszuleihen, die er aber am nächsten Tag gleich bezahlte.

Soweit die Situation in der Fabrik. Jetzt geht es wieder um die besagte "einflußreiche ausländische Familie". Wir bekamen unerwarteten Besuch von Ava Gardner, einer guten Freundin unserer Freundin aus Maryland, Betty Sicre. Betty schlug Ava vor, sie solle einen kurzen Urlaub nehmen, um sich auf der verträumten und idyllischen Insel Mallorca von dem anstrengenden Gesellschaftsleben in Madrid zu erholen. Dort könne sie ausschlafen, täglich schwimmen gehen, spanische Grammatik lernen und sich von mir einen Schnellkurs in englischer Poesie geben lassen, um ihre eher zufällige Bildung abzurunden.

Wir hatten Ava bei Betty einige Monate zuvor kennengelernt und mochten sie auf Anhieb sehr. Hinterher schickte sie uns ein riesiges Bukett roter Rosen, eine Aufmerksamkeit, die meine Frau und ich um so mehr schätzten, da wir schon wußten, daß Ava keine Person ist, die mit leeren Gesten um sich wirft. Sie fühlte sich derzeit einsam, nachdem ihre ältere Schwester nach Amerika zurückgekehrt war, und lieh sich abwechselnd die vier kleinen Söhne Bettys aus, um nachts Gesellschaft zu haben. “Die anderen Jungs an der *American School* werden mich für einen Schwächling halten,” beklage sich der zweitjüngste mit Tränen in den Augen, “wenn sie herausfinden, daß ich zweimal in der Woche bei Ava schlafe!”

Auf Palmas Flughafen *Son Bonet**) kam sie uns übers Rollfeld entgegengelaufen: eine aufgescheuchte Rehdame, verfolgt von einem hungrigen Wolf. Als dieser sie plötzlich mitten in unserer große Familie verschwinden sah (die Kinder hatten die Schule unter dem Vorwand geschwänzt, ihre Tante aus London käme zu Besuch), schlich er geifernd davon. Aber die Nachricht, daß die berühmte Ava Gardner endlich einmal nach Mallorca gekommen sei, verbreitete sich wie ein Lauffeuer durch den Flughafen, und Menschenmengen irrten herum auf der Suche nach dem roten Teppich, Blumensträußen und Pressephotographen. Mittlerweile brachten wir Ava schnell zu unserem Land-Rover und zogen ihre Koffer vom Gepäckwagen. Als ein Kinoliebhaber eine Frau, die seiner Filmgöttin verblüffend ähnelte, beim Rumalbern im staubigen Auto mit unseren Kindern sah, hielt er inne, schaute sie scharf an und ging weiter: unmöglich, das war sie nicht! Unsere Flucht gelang tadellos.

---

*) Auf Mallorcas altem Touristenflughafen *Son Bonet* landete auch Robert Graves 1946 mit dem ersten Charterflug nach dem Krieg, um in seine Wahlheimat zurückzukehren.

Ava erklärte, sie hätte während des Fluges mit zwei wirklich aufdringlichen spanischen Wölfen zu tun gehabt. Der erste saß auf der anderen Seite des Ganges und sprach sie unentwegt in einer Art improvisiertem Italienisch an, bis sie ihr (von Betty für den Poesie-Kurs gespendetes) *Oxford Book of English Verse* zuknallte und sagte: "Wenn Sie unbedingt meine Lektüre stören müssen, warum denn nicht in Ihrer eigenen Sprache?"

Darauf erwiderte der Wolf galant: "Signorina, ich räumte mir das Privileg ein, Ihre musikalische Muttersprache zu benutzen."

Ava stutzte: "Sie müssen da etwas verwechseln! Ich bin zwar mit einem Sizilianer*) verheiratet, aber kann noch weniger Italienisch als Sie."

Der Wolf beäugte sie listig. "Mir brauchen Sie nichts vorzumachen. All unserer Zeitungen versichern uns, Sie seien eine waschechte Tochter Neapels."

"Dann lügen sie. Ich bin eine waschechte Tochter North Carolinas."

Plötzlich überfiel den Wolf ein furchtbarer Zweifel. "Irre ich mich denn? Sie sind nicht – Sophia Loren?"

Mit einem Schrei der Empörung sprang Ava auf und flüchtete auf einen leeren Platz nach vorne, wo bereits Wolf Nummer zwei lauerte. So las sie also in dem *Oxford Book of English Poetry* auf der Toilette weiter, die sie erst wieder verließ, nachdem das Flugzeug gelandet war. Doch der Wolf erwartete sie mit Sympathiebekundungen am Ende der Treppe. Weibliche Filmstars sind anscheinend an einen strengen Kodex gebunden: nie dürfen sie Journalisten oder Pressephotographen beleidigen, nie dürfen sie es ablehnen, Autogramme zu geben (außer sie sind in äußerster Zeitnot),

---

*) Ava Gardner war 1948-1957 Ehefrau Frank Sinatras.

und nie dürfen sie Wölfe mit Kulturtaschen schlagen oder ihnen die Augen mit Sonnenschirmen ausstechen.

Aus Avas Vorhaben, ihre spanische Grammatik zu verbessern und sich auszuschlafen, wurde nichts. Es gibt einfach zu viele Lokale in Palma, wo die ganze Nacht durch Zigeuner ihre Gitarren spielen und Flamenco tanzen, und Ava kann Flamenco nicht widerstehen. Außerdem zog dieser, ihr erster Besuch auf Mallorca, ein so gewaltiges Publikumsinteresse auf sich, daß sie Ihr Hotel viermal innerhalb von fünf Tagen wechseln mußte. Aber uns faszinierte es, daß wir uns eine Weile im Glanze ihres Ruhmes sonnen konnten.

Obwohl sie behauptete, sie zöge es vor, Hackfleischauflauf oder Würstchen mit Kartoffelpüree bei uns zu Hause zu essen, war sie so tapfer, uns ein oder zweimal zu exklusiveren Restaurants mitzunehmen.

In einem von diesen Lokalen bat sie mich nach dem Essen um eine Poesielektion, und ich sagte ihr, daß sich die Mühe der Lektüre nur bei wenigen Gedichten lohne, daß aber von so vielen irrtümlicherweise angenommen würde, daß es sich lohne, sie zu lesen, daß es besser wäre, sie würde ihre Zeit nicht mit diesem Poesie-Kurs vergeuden, Gold zu waschen, könnte eine sehr mühsame Arbeit sein. Dann erklärte ich ihr mit einer anderen Metapher, daß eine klare, persönliche Stimme wichtiger als jegliche technische Fertigkeit und gewagte Experimente sei, daß wirklich gute Gedichte einen einfachen, unmittelbaren, persönlichen Sinn hätten, niemals langweilig seien und bei jeder neuen Lektüre immer mehr Sinn ergäben. “Gedichte sind wie Menschen,”sagte ich, “es gibt von ihnen nur wenig echte.”

Wir fragten sie, wie sie mit ihrem eigenen Mythos fertig werde, der schwer auf ihr lastete. Sie antwortete, daß sie alles täte, um sich davon frei zu machen, obwohl die Jungs von der PR-Abteilung und die Presse ständig dabei seien, ihn noch zu verstärken. Außerdem hätte sie nie ihre kindliche Prägung durch die harte Baptistenerziehung ihres strengen, aber wundervollen Vaters auf der Tabakfarm in North Carolina vergessen können. Sie fühle sich in den meisten Filmstudios immer noch moralisch unangenehm berührt: sie gelte als heißblütig nicht so sehr für das, was sie tue, sondern mehr für das, was sie sage. Manchmal könne sie einfach den Mund nicht halten.

Plötzlich blitzte die Kamera eines Pressephotographen, und Ava wies ihn sofort mit scharfen Worten zurecht. Aber als er sich auf der Stelle entschuldigte, verzieh sie ihm halbherzig. Danach wurde unsere Unterhaltung durch den Kellner unterbrochen, der Ava eine fast endlose Reihe von Autogramm-Alben überreichte. Sie kam allen Bitten mit einem sonnigen, automatischen Lächeln nach, ohne dabei den Faden unserer Unterhaltung zu verlieren, bis eine Autogramm-Jägerin, die einem dicken Couchkissen ähnelte, sich neben mich setzte, sich über mich hinüberbeugte und sprach: "Oh, liebe Miss Gardner, ich habe jeden einzelnen Film von Ihnen gesehen. Ich hoffe, Sie sind so nett,

mir ein persönliches Autogramm für meine siebenjährige Enkelin zu geben. Sie heißt Wendy Solgotch Wallinger."

Ava blickte finster drein. "Muß das mit dem *Solgotch Wallinger* sein?" fragte sie. "Und worauf soll ich schreiben?"

"Oh, ich dachte, Filmstars hätten immer so etwas dabei."

Avas Blick verfinsterte sich weiter. Auf ihren Kommentar zu dieser Papierknappheit sei hier lieber verzichtet, da er alleine ihren Ruf als heißblütig rechtfertigen würde. Unwillig, den Kodex weiter zu verletzen, riß sie von der Speisekarte letztendlich eine Ecke ab und kritzelte "an Wendy, mit freundlichen Grüßen von Ava Gardner," darauf und entledigte sich somit der Frau Wallinger.

Als sie in unserer Wohnung dann einen Band meiner gesammelten Gedichte entdeckte, fragte Ava mich, welche davon sie zuerst lesen solle. Nach dem, was ich ihr vorher erzählt hatte, war mir die Frage recht peinlich, aber ich antwortete, eins davon könne sie als für sich geschrieben betrachten, obwohl es entstand, lange bevor wir uns kennenlernten. Ich strich die Seite für ihre Bettlektüre an, falls sie in jener Nacht überhaupt zu Bett ging:

Immer spricht sie mit ihrer eigenen Stimme,
sogar mit Fremden ... .

und:

sie ist wild und unschuldig, der Liebe geweiht,
durch alle Katastrophen ... .

So war Ava im wirklichen Leben.

In der Fabrik währenddessen, wurde Aníbal zunehmend schwierig: er beschwerte sich bei Don Hilario, Wilfredo hätte die Arbeiter in Aufruhr gesetzt und würde behaupten, das von Aníbal gelieferte Holz sei feucht, verbogen und hätte so viele Astlöcher, daß es nur zum Bau von Parkbänken und ähnlichem dienen könne. Auf diesen Vorwurf erklärte Wilfredo Don Hilario, er habe eine Tatsachenfeststellung und keine Beschwerde von sich gegeben. Außerdem versetze er die Arbeiter keineswegs in Unruhe, sondern ermutigte sie vielmehr, aus den eigenartigen, rohen Baumteilen, dem einzigen, das sein Partner zur Zeit in der Lage sei einzukaufen, könne doch noch etwas Nützliches gemacht werden.

Don Hilario schaute ihn etwas verdutzt an, und Wilfredo ging sofort in die Werkstatt und kam mit einem besonders unattraktiven Stück heimischer Kiefer zurück, das fast ausschließlich aus großen Astlöchern bestand. "Wird ernsthaft von mir erwartet, daß ich einen großen städtischen Auftrag über achtzig Schülerschreibtische mit Holz von dieser Qualität ausführe? Und was ist mit meinen Sägeblättern?"

Don Hilario betrachtete das Beweismaterial und wagte den vorsichtigen Rat: "Na ja, Sie könnten vielleicht die Astlöcher herausschlagen als Öffnungen für Tintenfässer, aber ich werde Don Aníbal deutlich machen müssen, daß wir dann weit mehr Tintenfaßlöcher als Schüler hätten."

Die Uhr schlug sieben und Wilfredo rief: "Verzeihen Sie, Don Hilario! Die Arbeiter haben schon Feierabend und mein Partner auch. Ich muß unverzüglich abschließen. Da ich weiß, daß mein Angebot, Sie in meinem verbeulten Auto nach Hause mitzunehmen, abgelehnt wird, erlauben Sie mir, Ihnen eine gute Nacht zu wünschen. Ich bin etwas in Eile: meine englischen Freunde, die hochgebildete Familie Graves, geben meinem Haus die Ehre ihres Besuches und hoffen, Ava Gardner mitzubringen."

Don Hilario stockte der Atem, und er packte Wilfredo am Ärmel. "Sie meinen, die echte Ava Gardner?" fragte er langsam. "Sie ... ist hier, auf Mallorca?"

"Ja, die unnachahmliche Ava Gardner," sagte Wilfredo beiläufig. "Die Señores Graves versichern mir, sie sei genauso liebenswürdig und intelligent wie schön."

"Liebenswürdig und intelligent, mehr nicht? Liebenswürdig und intelligent, das ist doch kleinlich! Für mich ist Ava Gardner die größte Künstlerin der Welt!"

Es ergab sich nun, daß Ava uns zum Besuch bei Wilfredo nicht begleitete. Sie war zum schönen, sandigen Strand von Camp de Mar*) gefahren, aber bei dem ungewöhnlich kaltem Wetter, kurz vor dem furchtbaren Februarfrost von 1956, war sie die einzige Seele, die sich ins Wasser wagte. Viele Bewunderer schauten aus ihren Autos zu, und als sie in ihrem leuchtenden italienischen Badeanzug die Hoteltreppe herunter schlenderte und in die tosenden Wellen sprang, jubelten sie vor Begeisterung. Aber kein Möchtegern-Lebensretter scheint ihr nachgesprungen zu sein: auch wenn die Spanier hoffnungslose Romantiker sind, spielen sie nicht immer Don Quijote. Nachher wurde Ava zu den Weinfeldern bei Binissalem geführt, wo sie das Probieren des einzigen Jahrgangsweins Mallorcas so ausgiebig genoß, daß wir sie erst gegen Mitternacht wiedersahen.

Am nächsten Morgen nahm Don Hilario Wilfredo beiseite und bedrängte ihn: "Mein Freund, erzählen Sie von ihr!"

Da Wilfredo den Oberst nicht enttäuschen wollte, sagte er, "Sie ist ein Phänomen! So nett, so schön, so humorvoll!"

Don Hilario seufzte: "Ach, Don Wilfredo, Ihr Erlebnis erfüllt mich mit Neid," und fuhr hastig fort: "Ich habe, wie Sie wissen, noch nie ein Geschenk oder einen Gefallen von Ihnen akzeptiert, seitdem ich in dieser Fabrik bin. Keine Zigarette, kein Streichholz, keine Fahrt in Ihrem verrückten Auto! Aber ich muß sagen, daß Sie, im Gegensatz zu Ihrem ungehobelten Partner, mit meinen Gefühlen in dieser Hinsicht sehr anständig umgehen, und daß Sie niemals irgend etwas tun, das sich als böswillig auslegen ließe, und

*) Eine heute stark frequentierte und von Hotels gesäumte, aber nach wie vor attraktive Badebucht westlich von Peguera.

dafür schätze ich Sie sehr. So sehr verehre ich Sie, und so sehr schätze ich Ihre korrekte Umgangsart, daß ich mich ermutigt genug fühle, Sie um etwas Außergewöhnliches zu bitten. Sie werden mit Sicherheit erkennen, daß meine Bitte auf einer anderen Ebene liegt, als die triviale Arbeitswelt, in der wir uns täglich begegnen. Don Wilfredo, ich bin ein einsamer, alter Mann, mein Wunden tun mir den ganzen Winter lang weh, ich gönne mir selbst wenig. Das heißt ... tja, lange Rede, kurzer Sinn. Wenn Sie, wie auch immer, Ihre englischen Freunde dazu bringen könnten, Miss Gardner anzusprechen ... ."

Wilfredo erwiderte: "Kein Wort mehr darüber, Don Hilario! Würde mir irgendein anderer Mensch in ganz Palma diese Bitte stellen, ja sogar wenn es der Bankdirektor selbst wäre, von dessem guten Willen mein Lebensunterhalt abhängt, würde ich *Unmöglich*! sagen. Aber wenn der tapferste Soldat unseres Volkes mir diese Bitte stellt, wie käme ich dazu, ihn zurückzuweisen? Ich glaube, das kriegen wir noch hin, bevor Miss Gardner die Insel heute am frühen Nachmittag verläßt."

Einige Minuten danach klingelte unser Telephon. "Roberto," sagte der aufgeregte Wilfredo, "kannst du mich um Mittag im Café Mecca treffen? Es handelt sich um eine sehr wichtige Sache, die ich nicht am Telephon erläutern möchte."

Zu meiner Erleichterung hatte Ava das Gedicht gelesen und es als ein persönliches Kompliment akzeptiert, und sie bat mich sogar, ihr eine Kopie per Hand aufzuschreiben und zu signieren.

"Mit dem größten Vergnügen," sagte ich, "wenn wir einen Handel abschließen können. Ich möchte eine deiner bezauberndsten Fotografien mit folgender Widmung haben:

Dem heldenhaften Coronél Don Hilario Tortugas y Postres voll aufrichtiger Bewunderung von Ava Gardner.

Ich schreib` dir das auf."

"Muß ich unbedingt
voll aufrichtiger Bewunderung schreiben?"

"Ja, das muß sein!"

Ich schrieb das Gedicht für Ava sehr sorgfältig ab, und bald nach ihrer Rückkehr nach Madrid (mit vier Kasten Wein aus Binissalem in ihrem Gepäck) kam ein schönes großes Photo mit der Post und der entsprechenden Widmung für den Oberst. Das Foto zeigte aber nicht Ava, sondern ihren exotischen Mythos, wie ich halb erleichtert feststellte.

Rosa und Wilfredo luden uns zum englischsten Essen ein, das wir seit Jahren gehabt hatten: Mulligatawny Suppe, Roastbeef mit Röstkartoffeln, Yorkshire Pudding, gekochter Kohl, Apfelklöße mit Sahne, und (um Edward Lear zu zitieren*) "Stilton Käse ohne Ende". Wilfredo zauberte sogar eine Flasche Portwein hervor (wo er den Wein und den Stilton bloß her hatte, ist mir rätselhaft), und wir alle tranken feierlich auf das Wohl von Ava Gardner.

Dann sagte er mit bewegter Stimme: "Liebe Freunde, als Ergebnis des Berichts, den Don Hilario vor zwei Tagen an die Bank abgegeben hat, bin ich nun alleiniger Geschäftsführer der Fabrik, nur dem Bankdirektor selbst verantwortlich. Aníbal wurde ausgezahlt und entlassen, so daß ich nicht nur meine Holzlieferungen eigenständig regeln, sondern mir auch einen neuen Vertriebsleiter aussuchen kann!"

Wir gratulierten ihm lauthals.

"Das ist aber nicht alles" fuhr er fort. "Der *Nanniparker*-Wäscheständer wird ab sofort in Produktion gehen, ebenso ein Apparat, den meine liebe Rosa erfunden hat, und der

---

*) *Edward Lear* (1812-88), englischer Dichter und Maler, wurde vor allem durch seine Nonsensgedichte bekannt.

feuchte Wäsche mittels eines Flaschenzugs zur Küchendecke hochzieht. Er kann auch, bei besserem Wetter, für Schinken, Wurst, Paprika- und Zwiebelketten eingesetzt werden. Ist das nicht originell und nützlich! Ich habe vor, ihn den "*Ava Gardner*-Trockenständer" zu nennen. Jedes Exemplar wird eine schöne Miniaturfarbabbildung meiner Wohltäterin aufweisen, die dem echten Foto von ihr beim Schwimmen im Meer bei Camp de Mar entstammt. Glauben Sie, ich sollte sie anschreiben, um ihre Erlaubnis dafür einzuholen?"

"Sie würde das als vollkommen überflüssig ansehen," sagte ich, schlürfte meinen Portwein, knackte eine Walnuß und dachte, "liebe Ava!"

WEITERE MALLORCA-LITERATUR BEI REISE KNOW-HOW

Gordon West
EINE MALLORQUINISCHE REISE – MALLORCA 1929

ISBN 3-89662-153-X

Gordon Wests mit trockenem britischen Humor verfaßte Beschreibung einer spontanen Reise zu Fuß, mit Maultier, Bus oder Bahn ist voller interessanter, oft überraschender und bisweilen abenteuerlicher Begegnungen. Der Autor fängt zugleich genial den Zauber der damals noch unberührt vom Massentourismus vor sich hinträumenden Insel ein.

Übersetzung des englischen Bestsellers *Jogging round Mallorca,* der im Literaturkanal der BBC gelesen wurde und dem in Deutschland bereits kurz nach Erscheinen **Radio NDR 4** in der Reihe "**Reisen damals**" eine volle Stunde Sendezeit gewidmet hat.

194 Seiten, Hardcover wie dieser Titel, 30 Strichzeichnungen, das ideale Geschenk für Mallorcaliebhaber und unterhaltsame Lektüre vor, nach und während eines Urlaubs auf der Insel.

Herbert Heinrich
MALLORCA
EIN BUCH FÜR ELTERN UND KINDER

Der Autor gibt in diesem Buch Anregungen, wie Eltern mit Kindern ihren Mallorcaurlaub gestalten können. Neben Bade-, Schnorchel- und Ausflugstips vermittelt er viel Wissenswertes über die Insel, ihre Historie, Flora und Fauna und erzählt ein authentisches Mallorca-Piratenabenteuer.

Die Kapitel sind **reich illustriert** mit Zeichnungen; die ***Geschichte Mallorcas in Bildern*** ist farbig angelegt.

204 Seiten **ISBN 3-89662-158-0**

Besuchen Sie unsere Internet Seiten

http://www.ldweb.com/reisebuch

- *Ausführliche Präsentation der Bücher aus unserem Verlagsprogramm*
- *Aktuelle Tips und Hintergrundinformationen zu den Reisezielen USA, Canada & Mallorca*
- *Online-Shopping zu günstigen Konditionen*

Reise Know-How Verlag Dr. Hans-R. Grundmann GmbH
Heinrich-Schwarz-Weg 36 27777 Ganderkesee-Steinkimmen
e-mail: reisebuch@gmx.net; Internet: http://www.ldweb.com/reisebuch